AF548932

Kirche, Kunst & Kolosseum

Der Rom-Guide (nicht nur) für Jurist:innen

Barbara Sternthal

Kirche, Kunst & Kolosseum

Der Rom-Guide (nicht nur) für Jurist:innen

Wien 2023
MANZ'sche Verlags- und Universitätsbuchhandlung, Wien
Verlag C.H.BECK, München
Stämpfli Verlag, Bern

Soweit im Folgenden personenbezogene Bezeichnungen nur in männlicher Form angeführt sind, beziehen sie sich auf alle Geschlechter in gleicher Weise.

ISBN 978-3-214-04241-7 (MANZ)
ISBN 978-3-406-79968-6 (C.H.BECK)
ISBN 978-3-7272-1998-6 (Stämpfli)

Telefon: +43 1 531 61-0
E-Mail: verlag@manz.at
www.manz.at
Druck: FINIDR, s.r.o., Česky Těšín

Layout: Barbara Sternthal
Lektorat: Christopher Dietz

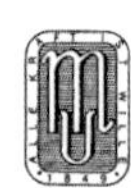

Inhalt

☞ Hinweise bezeichnen Sehenswertes und Sehenswürdigkeiten in Rom sowie spezielle Hinweise für eine Reise in die ewige Stadt.

PATRIZIER UND PLEBEJER, CÄSAREN UND VERRÄTER

Streifzüge durch das Rom der Antike

Wann beginnt Rom? *Ab ovo* bei Aeneas, der aus Troja floh und sich nach seiner Ankunft im Latium in eine Prinzessin verliebte, sie heiratete und so jene Familie gründete, an deren genealogischem Höhepunkt Rhea Silvia stand, die Mutter der legendären Zwillinge Romulus und Remus? Oder beginnt alles bei Askanios, Aeneas' Sohn, den später Gaius Iulius Caesar als seinen Stammvater nennt?

Um die einigermaßen komplizierte Geschichte des Universums Rom in ein zwar legendenhaftes, aber begreifbares Maß zu gießen, empfiehlt es sich, vorerst bei der von Vergil, Plutarch und Titus Livius aufgezeichneten Geschichte der Stadtgründung zu bleiben: Romulus und Remus, illegitime Söhne der vom Kriegsgott Mars geschwängerten Königstochter Rhea Silvia, ausgesetzt in einem Körbchen auf dem Tiber, gerettet dank einer milden Strömung, der Zweige eines mächtigen Olivenbaums und einer von den Hügeln herabgestiegenen Wölfin, die sich der beiden Knaben erbarmte und sie nährte. Unter der Obhut mehrerer Hirten wuchsen die beiden auf, entwickelten sich zu veritablen Führungspersönlichkeiten und gründeten schließlich dort, wo der Fluss sie Jahre zuvor angespült hatte, eine Stadt. Die Brüder waren, so heißt es, von ganz unterschiedlichem Temperament. Remus soll resolut und robust gewesen sein, Romulus zartgliedriger, dafür pfiffiger. Und so ging der kräftige Remus dem listigen Romulus auf den Leim, als dieser beim Vogelflug-Orakel – die Anzahl gesichteter Adler sollte darüber entscheiden, nach welchem der Brüder die neue Stadt benannt würde – seinen Bruder täuschte. Als Romulus dank seiner angeblich zwölf gesichteten Vögel das künftige Stadtgebiet absteckte und

Tempel des Saturn Im Vorbau dieses Tempels am Fuß des Kapitols befand sich das *Aerarium populi Romani,* der Staatsschatz der Republik Rom.

eine Stadtmauer zu errichten begann, sprang der düpierte Remus, der nur sechs zählen hatte können, über das noch niedrige Bauwerk – und landete direkt im Messer seines erbosten Bruders. Eine Stadtmauer, und war sie auch noch so niedrig, galt als heilig, ihr Übertreten als schwere Verletzung geltenden Rechts. Brudermord? Todesstrafe nach geltendem Recht?

Diese Episode soll sich, so Livius in seinem Geschichtswerk *Ab urbe condita,* im Murcia-Tal zwischen dem Palatin und dem Aventin zugetragen haben, genau dort, wo heute die Reste des ☞ Circus Maximus zu sehen sind. Auch ein Datum für die Stadtgründung nennt Livius: 21. April 753 v. Chr. Und wer sich über diese erstaunliche Exaktheit wundert: Es war der Polyhistor Marcus Terentius Varro, Zeitgenosse Caesars, der aus Konsularien, Herrscherlisten und Horoskopen jenen Zeitpunkt errechnete, der eben als *ab urbe condita* zur Bezugsangabe der römischen Zeitrechnung wurde.

Zurück zu Romulus: Er herrschte fortan alleine über seine neu gegründete Stadt und hieß Migranten aus allen Himmelsrichtungen willkommen, um die Stadt auch zu bevölkern. Das Ganze hatte jedoch einen Nachteil: Es kamen fast nur Männer. Um dem abzuhelfen, griff Romulus einmal mehr zu einer List. Er lud die Bewohner eines Nachbardorfs – es lag, so die Legende, auf dem Quirinal und war von Sabinern bewohnt – zu einem Fest ein, ließ diese von seinen Soldaten, als alle am Feiern waren, überfallen, die Männer verjagen und die jungen Frauen gefangen nehmen. Dieser Raub der Sabinerinnen, der bildenden Künstlern jahrhundertelang eine unerschöpfliche

---

CASA ROMULI An der Südwestseite des ☞ Palatins gab es eine Hütte, die man lange Zeit immer wieder ausbesserte und aufbaute, bis später der Tempel der Magna Mater und das Haus des Augustus und der Livia Drusilla errichtet wurden. In der Zeit nach 1945 fanden Archäologen auf diesem Areal Reste eisenzeitlicher Hütten, welche die archaische Sage zu bestätigen scheinen. Sie erhielten deshalb den Namen des legendären Stadtgründers: ein Stück archaisches Rom in unmittelbarer Nähe der römischen Klassik.

LA LUPA ROMANA Ob die römische Wölfin nicht doch eher eine gewisse Larentia, eine von den Hirten »Lupa« genannte Prostituierte (wie bei Livius zu lesen steht), war? Die legendäre Wölfin jedenfalls hat ihr berühmtestes Denkmal in der ☞ Kapitolinischen Wölfin. Die Datierung der Skulptur – 5. Jh. v. Chr. oder doch eher Mittelalter? – ist bis heute nicht endgültig geklärt, die gesäugten Knaben jedenfalls sind ohne Zweifel Arbeiten der Renaissance. Die originale Bronzefigur steht im ☞ Kapitolinischen Museum auf dem ☞ Campidoglio, zahlreiche Kopien finden sich nicht nur in Rom, sondern in ganz Italien, sogar in ehemaligen römischen Provinzen und natürlich auf unzähligen Münzen.

Inspirationsquelle bot, fand ein einigermaßen glimpfliches Ende. Die Sabinerinnen sollen sich mit den Römern gut verstanden und den rachedurstigen Sabinerkönig so weit beruhigt haben, dass sich dieser zu Verhandlungen bereit erklärte und mit Romulus Frieden schloss. In der Gegend der ☞ Via di Santa Sabina auf dem ☞ Aventin befand sich ein der Göttin Diana geweihter Tempel. Es ist durchaus möglich, dass dies im Zusammenhang mit dem Raub der Sabinerinnen stand.

Was aus Romulus wurde, ist nicht ganz klar. Eine Legende besagt, er sei bei einer Heerschau auf dem Marsfeld von seinem göttlichen Vater Mars höchstpersönlich ins Elysium geführt worden. Eine andere hingegen besagt, Senatoren hätten den Tyrannen erschlagen.

Das Reich der sieben Könige

Jede Legende hat einen wahren Kern. Auch wenn die Eselsbrücke »753 – Rom schlüpft aus dem Ei« keinem Wahrheitsbeweis standhält, so ist eines sicher: Roms Ursprünge liegen tatsächlich im 8. Jh. v. Chr., und sie dürften, angesichts der unterschiedlichen Kulturen, die hier aufeinandertrafen, turbulent gewesen sein. Sabiner und Latiner hatten sich zu jener Zeit auf den sieben Hügeln niedergelassen und wussten den fruchtbaren Boden als Hirten und Bauern gut zu nutzen. Der Fluss im Tal bot sich als perfekter Handelsweg an, und das Meer lag weit genug entfernt, sodass man vor Piratenüberfällen halbwegs geschützt war, zumal sich die Dörfer auf den Hügeln notfalls in einer idealen Verteidigungsposition befanden. Gleichzeitig gewann das Gebiet an strategischer Bedeutung, da es an der Grenze zwischen der etruskischen und der italischen Kultur und am Kreuzungspunkt wichtiger Handelswege zwischen den Etruskern in der Toskana und den Griechen in Kampanien lag. Anhand dieser Fakten lässt sich schon eher auf die tatsächlichen Umstände der Stadtgründung schließen: Mit hoher Wahrscheinlichkeit waren es die Etrusker, die sich der Dörfer bemächtigten, sie zu einem Gemeinwesen verbanden und diesem den Namen eines ihrer großen Geschlechter gaben: Ruma oder Roma.

Es folgte ein langer Entwicklungsprozess, dessen Details vielfach ungeklärt sind. Am Beginn dürfte ein Königreich

Eine veritable Lady Macbeth aus römischer Frühzeit: Tullia die Ältere, Tochter Servius Tullius', des sechsten Königs von Rom, war die Geliebte ihres Schwagers, den sie um jeden Preis auf den Thron bringen wollte. Um ihr Ziel zu erreichen, schmiedete sie ein teuflisches Mordkomplott gegen ihre Schwester, ihren Vater und ihren Ehemann, dessen Finale darin bestand, dass sie mit dem Wagen über den Leichnam ihres Vaters, des Königs, hinwegfuhr. Ihr Plan ging auf, und Lucius Tarquinius Superbus bestieg als letzter König Roms den Thron. Der Ort, an dem sich dieser Frevel zutrug, wird *vicus sceleratus,* Verbrechergasse, genannt, laut einer Legende handelt es sich hierbei um die heutige ☞ Scalinata dei Borgia. Zeichnung von Ernst W. Hildebrand, um 1888.

SEPTEM MONTES ROMAE Bis zum heutigen Tage unverändert dominieren die sieben Hügel Roms die Stadttopografie: Aventin, Caelius, Esquilin, Kapitol, Palatin, Quirinal und Viminal. Der Pincio, wo Caesars Zeitgenosse Lucius Licinius Lucullus seine Gärten anlegen ließ und später Messalina, die untreue Frau Kaiser Claudius', getötet wurde, zählte ebenso wenig zu den sieben Hügeln wie Vaticanus und Ianiculum (heute: Gianicolo) am linken Tiberufer. Wer sich Zeit nimmt und sich Rom teilweise »erläuft«, begreift die hügelige Struktur der Stadt besonders gut. Eine schöne Sichtachse von oben ins Tal und wieder nach oben ergibt sich auf dem Weg von ☞ Ss. Trinità dei Monti am oberen Ende der ☞ Spanischen Treppe entlang der Via Sistina und der Via delle Quattro Fontane bis zur ☞ Basilika Santa Maria Maggiore – von der Flanke des Pincio über die Ausläufer des Quirinals bis auf die Kuppe des Esquilin. Außergewöhnlich reizvoll ist der Anstieg vom ☞ Circus Maximus über die ☞ Via di Santa Sabina auf den ☞ Aventin – immer den Palatin im Rücken. Oben angelangt, belohnt die Ruhe des ☞ Giardino degli Aranci mit seiner herrlichen Aussichtsterrasse und dem einmaligen Blick über den Tiber auf den gegenüberliegenden Gianicolo. Wer die schöne, fast dörflich anmutende Straße noch ein Stück weiter bergauf geht, landet auf der ☞ Piazza dei Cavalieri di Malta (einem der anmutigsten Plätze der Stadt) und kann einen Blick durch das Schlüsselloch am Tor zum Stammsitz des Malteserordens werfen: Umrahmt von üppigem Grün fällt der Blick auf eine perfekte Vedute der Kuppel des ☞ Petersdoms. Hinweis am Rande: Am Schlüsselloch bilden sich schnell Menschenschlangen – außer, man ist halbwegs früh am Morgen unterwegs.

---

gestanden haben, wobei es zu Leben und Wirken der sechs Könige, die auf Romulus folgten, kaum Quellen gibt. Es gibt zwar die berühmten Texte römischer Geschichtsschreiber, diese hatten allerdings weniger die genaue Darstellung der exakten historischen Abläufe im Sinn als das Ziel, das Römische Reich in allen Facetten so glanzvoll und bedeutend darzustellen wie nur möglich. Ob also Tacitus' *Annales* oder Titus Livius' *Ab urbe condita* – der historische Wahrheitsgehalt dieser Werke ist begrenzt.

Dennoch haben einige Althistoriker Tacitus' Satz »Urbem Romam a principio reges habuere« (»Die Stadt Rom beherrschten in erster Zeit Könige«) durchaus ernst genommen und zählen inklusive Romulus sieben Könige auf. Falls sie tatsächlich existierten, so hatte Numa Pompilius, Romulus' Nachfolger, einige Bedeutung. Es heißt, er sei ausgesprochen friedliebend gewesen, hätte einen neuen Kalender geschaffen, der ein Jahr in zwölf Monate teilte, und zudem Gerichtstage eingeführt, bei denen er selbst den Vorsitz führte. An diesen wendete er jene weisen Gesetze an, die er selbst geschaffen hatte, darunter ein Blutopferverbot und eine Verordnung, den Göttern stattdessen Früchte darzubringen.

Der letzte König Roms, Lucius Tarquinius Superbus, war hingegen ein Machtmensch, der angeblich sogar die Götter gegen sich aufbrachte. Als sie zur Warnung eine Schlange aus einer Holzsäule kriechen ließen, schickte der König seine Söhne

---

FORUM ROMANUM In archaischer Zeit war die Ebene zwischen Palatin, Kapitol, Esquilin und Caelius eine Nekropole – die einzige Möglichkeit, das sumpfige Gebiet sinnvoll zu nützen. Nach aufwendigen Arbeiten zur Trockenlegung noch während der Königszeit – Stichwort: Cloaca Maxima – wurde das Areal zum Marktplatz und entwickelte sich mit seinen Gebäuden schließlich zum politischen und juristischen Zentrum zuerst des Stadtstaates und dann des gesamten Römischen Reichs. Heute gehört das Forum Romanum zu jenen Sehenswürdigkeiten, um die man in Rom nicht herumkommt. ☞ Reisetipp: Auf der Website *parcocolosseo.it* kann man Tickets für das Kolosseum, den Palatin und das Forum Romanum für eine bestimmte Uhrzeit buchen. Sie sind ab dem Eintritt 24 Stunden lang gültig, man kann das Areal zwischendurch also auch verlassen, wenn man möchte. Ein Ticket z. B. für den mittleren Nachmittag zu buchen, ist keine schlechte Idee: Man kann sich das Kolosseum ansehen und am nächsten Tag in der Früh auf das Forum gehen (ganz wie die römischen Juristen der Antike!). Zu dieser Zeit ist das Forum selbst in der Hochsaison einigermaßen leer und darum noch beeindruckender.

RÖMISCHE GENÜSSE Touren in Rom sind anstrengend und bedürfen vernünftiger Stärkung zwischendurch. Wer sich dazu entschließt, ☞ Bocca della Verità, ☞ S. Maria in Cosmedin und ☞ Circus Maximus an einem Samstag oder Sonntag zu besuchen, dem sei im Anschluss die Via di S. Teodoro – sie führt zum ☞ Kapitol und zum ☞ Forum Romanum – empfohlen: Hier findet an diesen beiden Tagen ein Bauernmarkt statt, wo man essen, trinken, genießen und vor allem römischem Leben zusehen kann. Der ☞ Mercato di Campagna Amica al Circo Massimo ist ein kulinarisches und – wenn man so will – interkulturelles Erlebnis, das man sich nicht entgehen lassen sollte (Via di S. Teodoro, 74; Sa, So 8–15 Uhr).

---

nach Delphi, um das Orakel nach der Bedeutung des Omens zu fragen. Interessant der Reisebegleiter der Brüder: Es war ihr Cousin Lucius Iunius, der den Beinamen »Brutus«, »Dummkopf«, trug, weil er sich ungeschickt und tölpelhaft gab, was – man ahnt es – reine Täuschung zum Selbstschutz war. Und so kam es, wie es kommen musste: Als das Orakel verkündete, jener, der als Erster die Mutter küsse, würde nach dem Tod des Königs die Herrschaft über Rom antreten, stolperte Lucius Iunius, fiel hin und küsste dabei beiläufig den Boden. Denn als Einziger hatte er erkannt, dass das Orakel von keiner menschlichen Mutter gesprochen hatte, sondern von Mutter Erde. Tatsächlich verbündete sich Lucius Iunius nur wenig später mit seinem Schwager Lucius Tarquinius Collatinus, um den Tyrannen samt seinen missratenen Söhnen erfolgreich zu stürzen und die Monarchie durch eine Republik zu ersetzen, deren erste Konsuln diese beiden gewesen sein sollen. Nahezu ein halbes Jahrtausend später war ein angeblich direkter Nachfahre jenes ersten Konsuls der Römischen Republik am Sturz eines anderen Tyrannen beteiligt: Marcus Iunius Brutus, Caesars Neffe.

Doch nochmals zurück in die Zeit der römischen Könige. Die Geschichtswissenschaft ist hier auf Interpretationen und Mutmaßungen angewiesen. Nicht einmal die unter dem ☞ Lapis Niger, dem schwarzen Stein, auf dem ☞ Forum Romanum in der Nähe der republikanischen ☞ Rostra gefundene Stele aus dem 6. Jh. v. Chr. mit ihren frühlateinischen offensichtlich legistischen Inschriften lässt eindeutige Schlüsse zu.

Im Jahr 509 v. Chr. endete gemäß den Überlieferungen die Epoche des Wahlkönigtums. Archäologen bestätigen, dass das Forum Romanum an der Wende zum 5. Jh. v. Chr. bereits angelegt war, Könige hier ihre Paläste bewohnten, dass die Cloaca Maxima – der berühmteste Teil eines umfangreichen Kanalsystems zur Entwässerung der sumpfigen Talsenken zwischen den Hügeln – ihre Funktion erfüllte und auf dem Kapitol der gigantische Jupiter-Tempel kurz vor der Einweihung stand. Ob die Republik Rom exakt im Jahr 509 v. Chr. ausgerufen wurde, wissen wir nicht. Doch um diese Jahrhundertwende stürzten unzufriedene Eliten, die schon bisher große Bereiche der Macht innegehabt hatten, die Wahlmonarchie, vertrieben den letzten König und riefen die Republik ins Leben. Noch waren es Patrizier, der Erbadel, die sich nicht zuletzt dank angeblich bis zu den Göttern zurückreichender Genealogien an die Spitze Roms stellten. Doch langsam entwickelte sich jene *res publica,* in der die Herrschaft des Gesetzes maßgeblich für das Zusammenleben in einem riesigen Reich war, das sich zuletzt über weite Teile Europas, den Nahen Osten und Nordafrika erstreckte.

Ein Gesetz auf zwölf Tafeln

Vorerst übernahmen die Macht im Staat die *patres* – Väter –, die Mitglieder einer bislang unzufriedenen Elite, die bereits während der Monarchie die hohen Ämter der Staatsverwaltung innegehabt hatten. Mit der Etablierung einer aristokratischen Räteregierung wandelte sich der Senat, eines der ältesten Gremien des Römischen Reichs, von einer beratenden zur bestimmenden Größe. Die Senatoren, zutiefst patriarchalisch, streng hierarchisch und traditionell-konservativ, waren aufgrund ihrer

Abstammung Teil der Führungsschicht. Man heiligte die alten Sitten der Vorfahren, fürchtete die Götter und war sich der Verantwortung bewusst, als *pater familias* mehr oder weniger allmächtig über Ehefrau, Kinder und Bedienstete zu herrschen. Autokratisch nach Maßgabe traditioneller Regeln herrschte man auch über die Stadt.

Zunehmend unzufrieden mit dieser Ordnung waren die Plebejer, der *populus Romanus.* Sie waren die heterogene Mehrheit – Landbesitzer, Handwerker, Händler, Ärzte und Gelehrte sowie Soldaten. Nicht selten waren alteingesessene Familien darunter, die auf eine lange Ahnenreihe zurückblickten und durchaus über Vermögen verfügten. In der Legion waren sie den Patriziern in gewisser Hinsicht gleichgestellt, denn Soldaten wurden nach Vermögensverhältnissen eingeteilt, da sie ihre Ausstattung selbst finanzieren mussten. Vorwiegend waren es zwar Patrizier, die Geld für Pferde und gute Waffen hatten, doch da die Plebejer die große Mehrheit bildeten, kam kein Kriegszug ohne sie aus: ein nicht zu unterschätzendes Machtinstrument, um den Patriziern schließlich Zugeständnisse abzuringen.

Staatsämter und Priestertum jedoch waren den Patriziern exklusiv vorbehalten – eine Unausgewogenheit zwischen erwarteter Pflichterfüllung und verweigerter Gestaltungs- und

---

MOS MAIORUM Dieser Überbegriff für die identitätsstiftenden moralisch integren Verhaltensweisen im antiken Rom umfasste nach Marcus Porcius Cato dem Älteren insbesondere fünf Prinzipien: *labor,* die Arbeit, die jeder für die Gesellschaft übernehmen sollte; *iustitia,* die Gerechtigkeit gegenüber jedermann, auch dem Feind; *pietas,* Frömmigkeit, aber auch Redlichkeit; *res publica,* das Wohlergehen des Staates vor das persönliche zu stellen; und schließlich *fortitudo,* die militärische Stärke. Marcus Porcius Cato der Ältere übrigens stammte aus einer alten plebejischen Familie und machte sich als Jurist einen Namen als ausgezeichneter Redner, wobei er viele seiner Plädoyers mit dem berühmten Satz *»Ceterum censeo Carthaginem esse delendam«* – »Im Übrigen denke ich, Karthago muss zerstört werden« – beendete. Den dritten Punischen Krieg erlebte Cato zwar noch, starb jedoch kurze Zeit vor dem endgültigen Sieg der Römer über die Karthager.

Mitsprachemöglichkeit, an der sich bald heftiger Unmut entzündete. Was besonders vehementen Widerspruch hervorrief, war die Rechtsungleichheit. Man lebte mit einem tradierten Gewohnheitsrecht, das mündlich und nur unter Patriziern weitergegeben wurde, sodass nur wenige hohe Amtsträger einen Überblick über die Gültigkeit und Anwendung von Geschäfts- und Klageformeln hatten. Das *ius* war, wenn man so will, eine veritable Geheimwissenschaft. Die Patrizier besetzten die Ämter, waren Anwälte und Richter, die sich gegenseitig Pfründe zusprachen und gegen Einsprüche schützten – die Plebejer hatten dabei zwangsläufig das Nachsehen.

Immer lauter wurden die Rufe nach einer effektiven Beteiligung an der Politik, immer nachdrücklicher die Forderung nach transparentem, verlässlichem und vor allem gleichem Recht für alle. 494 v. Chr. war schließlich das Maß voll und die Plebejer realisierten die angedrohte *Secessio plebis:* Geschlossen zogen sie aus der Stadt und wählten sich einen Volkstribun, um ihren Forderungen eine Stimme zu geben. Um 455 v. Chr.

Auf Reste der Servianischen Mauer trifft man an vielen Orten Roms. Eines der schönsten erhaltenen Stadttore ist die Porta Esquilina, die im Jahr 262 zum Ehrenbogen Kaiser Gallienus' geweiht wurde. Diesen Namen – ☞ Arco di Gallieno – trägt das einstige Stadttor noch heute. Vor diesem Tor, an den Hängen des Esquilin, erstreckten sich zur Zeitenwende die weitläufigen Gärten Gaius Maecenas', eines engen Vertrauten des ersten römischen *princeps,* Octavian.

DIES ATER Auf ihrem Weg zur Weltmacht erlitt die Römische Republik, was man oft übersieht, eine Reihe von herben Niederlagen, die jeweils als Schwarzer Tag – *dies ater* – in die Annalen eingingen. Die katastrophalsten Rückschläge erlebten die Römer 477 v. Chr. gegen das benachbarte Veji, 321 v. Chr. gegen das Volk der Samniten und 216 v. Chr. gegen den karthagischen Feldherrn Hannibal. Besonders traumatisch war der verheerende Einfall norditalienischer Kelten, die Rom um 390 v. Chr. verwüsteten und monatelang das Kapitol belagerten. Diesem Angriff fielen wahrscheinlich auch die zwölf Tafeln mit den römischen Gesetzen zum Opfer, weshalb man deren Inhalt lediglich durch Zitate und Interpretationen späterer Juristen wie Cicero oder Ulpian kennt. Um nie wieder in eine solche Lage zu geraten, verfügten die Censoren, die vorhandene Stadtmauer zu verstärken und, wo notwendig, neu zu errichten. Reste dieser ☞ Servianischen Mauer, die im Wesentlichen die ursprünglichen sieben Hügel umschloss, sind noch an vielen Orten Roms zu sehen. Ein Stück Mauer samt den Resten der ☞ Porta Viminalis steht unmittelbar neben dem Eingang des römischen Hauptbahnhofs, der Stazione Termini, an der ☞ Piazza dei Cinquecento. Der ☞ Dolabella-Bogen ist ein weiteres Relikt der Servianischen Stadtmauer und trug ursprünglich den Namen Porta Caelimontana – nach dem Caelius, jenem der sieben Hügel, auf dem sich dieses Stadttor befand. Dieses Tor mit den Mauerresten, die erahnen lassen, wie mächtig diese Stadtmauer gewesen sein muss, liegt an der Via della Navicella zwischen den Basiliken ☞ S. Maria in Domnica und ☞ SS. Giovanni e Paolo. Ihren Namen trägt diese Stadtmauer nach Servius Tullius, dem legendären sechsten König Roms, errichtet wurde sie jedoch erst nach dem ersten Angriffskrieg der norditalienischen Kelten im frühen 4. Jh. v. Chr.

---

gaben die Patrizier endlich nach – aber längst noch nicht klein bei. Bevor auch nur ein Gesetz niedergeschrieben wurde, sandte man eine dreiköpfige Kommission nach Athen, auf dass diese die Gesetze Solons studieren solle. Zwei Jahre später, die Experten für altgriechisches Recht waren zurückgekehrt, wurden im Senat zehn Patrizier ernannt, die das Recht verständlich formulieren und schriftlich fixieren sollten. Diese *decemviri legibus scribundis* machten sich um 450 v. Chr. ans Werk und lieferten rund zwei Jahre später ab, was sich als Kern des römischen Rechts entpuppen sollte: Das Zwölftafelgesetz – die *lex duodecim tabularum* – war geboren.

Diese Gesetze galten nun gleichermaßen für Patrizier wie für Plebejer. Und jeder, der des Lesens kundig war, konnte sie studieren, denn die zwölf Tafeln wurden für jedermann frei zugänglich auf dem Forum aufgestellt. Geregelt wurden unter anderem Familienrecht und Erbrecht, aber auch Schuldrecht und Zivilprozessrecht. Patrizier und Plebejer waren nun über weite Strecken zu einer Einheit vor dem Gesetz verschmolzen, auch wenn noch einige Rechtsungleichheiten niedergeschrieben waren, darunter das Eheverbotsgesetz zwischen Patriziern und Plebejern. Es bedurfte einer weiteren plebejischen Sezessions-Androhung, damit im Jahr 445 v. Chr. schließlich die *lex Canuleia* – benannt nach dem Volkstribun Gaius Canuleius, der das Gesetz vorgeschlagen und unterstützt hatte – erlassen und das sogenannte *conubium* ausdrücklich zugelassen wurde.

Doch während sich Rom nach außen Selbstbehauptung und Hegemonie auf der italienischen Halbinsel erkämpfte und zur Großmacht im Mittelmeerraum aufstieg, gärte es weiterhin im Inneren. Nach und nach erstritten sich die Plebejer eine mehr oder weniger vollständige Gleichberechtigung: Ab 367 v. Chr., mit den *leges Licinae Sextiae,* durften auch Plebejer als Konsuln gewählt werden. Die wichtigsten Priesterämter erlaubte um 300 v. Chr. die *lex Ogulnia,* bis mit der *lex Hortensia* 287 v. Chr. die Plebejer den Patriziern endgültig gleichgestellt wurden. Damit dirigierte eine neue Gesellschaftsschicht die Geschicke Roms: die Nobilität, patrizische und plebejische Familien, deren Mitglieder ungeachtet ihrer Herkunft die

---

TOGA CANDIDA Die Toga, ein etwa 6 m langes und 2½ m breites halbkreisförmiges Stück Wollstoff, das ohne Bänder oder Fibeln um den Körper drapiert wurde, war das Kleidungsstück des freien römischen Bürgers. Dabei gab es Farbcodes: Die *toga alba* (ungefärbte Wolle) wurde von gewöhnlichen Bürgern ebenso getragen wie die dunkle *toga pulla* von Trauernden. Hohe Beamte und junge Männer bis zur Volljährigkeit trugen die mit einem breiten Purpurstreifen verbrämte *toga praetexta,* hohe Militärs während des Triumphzuges die *toga picta,* eine mit goldenen Sternen geschmückte purpurne Toga. Und wer sich um ein öffentliches Amt bewarb, war an der gekalkten, hochweißen Toga erkennbar, der *toga candida* – die etymologische Wurzel des Wortes »Kandidat«.

höchsten Staatsämter übernahmen. Berief man sich jetzt auf seine Ahnen, dann deshalb, weil man auf Vorfahren stolz war, die im Laufe von Generationen die wesentlichen Staatsämter, die Magistraturen, ausgefüllt hatten.

S.P.Q.R.

Senatus Populusque Romanus – Senat und Volk von Rom: Das Hoheitszeichen des antiken Rom ist noch heute im römischen Stadtwappen zu finden, ziert Hydranten, Kanaldeckel, Mülleimer und viele andere Elemente der urbanen Infrastruktur. Zur Zeit des Römischen Reichs trugen die Legionen, wo immer sie hinzogen, wo immer sie sich niederließen, um Kolonien zu errichten, dieses Akronym auf ihren Feldzeichen. Es war das Symbol des Glanzes und der Pracht Roms, seiner überragenden militärischen Schlagkraft und seiner staatlichen Organisation auf objektiver Rechtsgrundlage.

Die Römische Republik kam ohne formell geschriebene Verfassung aus, formte ihre Konturen jedoch nach und nach durch Gesetze (weshalb der Einfachheit halber oft von einer römischen Verfassung gesprochen wird), bis sich ab 200 v. Chr. der *cursus honorum* etablierte, eine exakt festgelegte Ämterlaufbahn für die Staatsverwaltung, die 180 v. Chr. in der *lex Villia annalis* festgehalten wurde. Wer in der Hierarchie der Magistraturen aufsteigen wollte, musste mit dem Rechtswesen vertraut sein, ganz unten beginnen und ein Mann sein, denn Frauen waren aus der offiziellen Politik vollständig ausgeschlossen. Wer ein Amt übernehmen wollte, musste sich den Wahlkampf selbst finanzieren, und während der Amtszeit gab es weder ein Gehalt noch Aufwandsentschädigungen oder Diäten. Ganz im Gegenteil, von den hohen Magistraten wurde sogar erwartet, dass sie ihr privates Vermögen notfalls in ihr Amt investierten. Zurückholen konnten sich die meisten ihre Investitionen,

Blick vom Forum Romanum auf die Reste des Tabulariums.

TABULARIUM Geschriebenes, das man für lange Zeit sicher aufbewahren wollte – Gesetze, Urkunden, Verträge –, wurde im Römischen Reich in *tabulae,* bronzene Täfelchen, geritzt, die Generationen überdauern sollten und dafür im Staatsarchiv, dem Tabularium, verwahrt wurden. Ein massiver Bau für dieses Archiv wurde tief in den Sockel des Kapitols gegraben und schließlich, nach dem großen Brand von 83 v. Chr., als mächtiges Gebäude neu errichtet. Seine von Halbbögen unterbrochene Fassade dominiert noch heute das ☞ Forum Romanum. Darüber und auf der dem ☞ Campidoglio zugewandten Seite entstand in der zweiten Hälfte des 16. Jh. der von Michelangelo entworfene ☞ Palazzo Senatorio, heute Sitz des römischen Stadtoberhaupts. Das Tabularium kann man nicht nur von außen bestaunen, sondern auch von innen erkunden: Vom unterirdischen Verbindungsgang zwischen den beiden Bereichen der ☞ Kapitolinischen Museen führt eine Abzweigung in jene Areale des Tabularium, die die Zeitläufte überdauert haben. Errichtet hatten die Römer ihr Staatsarchiv übrigens aus *opus caementicium,* einer Vorform des späteren Betons.

---

indem sie nach durchlaufenem *cursus honorum* zum Prokonsul einer römischen Provinz ernannt wurden. Nach einigen Jahren als Statthalter kam die Mehrzahl mit einem Vermögen nach Rom zurück.

Die politische Laufbahn begann nach dem obligatorischen zehnjährigen Militärdienst im Alter von rund dreißig Jahren. Das erste Amt, in das sich ein römischer Bürger wählen lassen konnte, war der Quästor, danach folgte das Amt des Ädilen. Daraufhin konnte man Prätor werden, bis man sich schließlich als Krönung der Laufbahn der Wahl zum Konsul stellen durfte.

Um die Macht der Ämter (bzw. ihrer Inhaber) zu begrenzen, gab es bestimmte Regeln. Das Annuitätsprinzip sah vor, dass Ämter für maximal ein Jahr vergeben wurden. Das Iterationsverbot bestimmte, dass niemand unmittelbar von einem ins nächste Amt wechseln durfte, sondern einen Zeitraum von zwei Jahren – das Prinzip der Biennität – verstreichen lassen musste, bis er das nächste Amt antrat. Bedeutsam war auch das Prinzip der Kollegialität: Jedes Amt wurde mindestens zweimal vergeben, damit die Amtsinhaber einander kontrollieren konnten. So konnte einer die Vorhaben des anderen blockieren oder zumindest ein Verhandeln und Kompromisse fordern. Zu guter Letzt galt natürlich ein Kumulationsverbot – wer ein Amt innehatte, konnte unmöglich gleichzeitig ein anderes ausüben.

Die Inhaber dieser Ämter übernahmen jeweils völlig unterschiedliche Aufgaben, die insgesamt ein reibungsloses Funktionieren des Staates garantieren sollten. Die jährlich rund zwanzig Quästoren waren einerseits Untersuchungsrichter, aber auch für Steuern und das Staatsarchiv, das ☞ Tabularium, zuständig. Ädile, davon gab es mindestens vier, kümmerten sich um die öffentliche Ordnung, die Wasser- und Getreidereserven und um öffentliche Gebäude. Dazu zählten auch die Aquädukte, die die Stadt mit sauberem Wasser versorgten. Ädile wurden jedoch ganz besonders an ihrer Fähigkeit gemessen, große Spiele auszurichten, die sie zwar selbst finanzieren mussten, die ihnen jedoch auch große Popularität für die nächste Wahl einbringen konnten. Nicht ganz klar voneinander abzugrenzen sind die beiden höchsten Ämter, die Prätoren und die Konsuln, die beide das *imperium* besaßen, also eine (nahezu) maximale Handlungsvollmacht. In der Praxis waren die sechs bis acht, später unter Caesar zehn bis zwölf Prätoren für die Rechtspflege zuständig, die beiden Konsuln dagegen übernahmen die Heeresführung und zogen für den Staat in den Krieg. Für Krisenzeiten war im Notfall das Amt des *dictator* vorgesehen, der für sechs Monate das *summum imperium* ausübte.

Ein komplexes Gewebe waren die Wahlgremien – sie dienten gleichzeitig als gesetzgebende Körperschaften – für die einzelnen Ämter. Die Voraussetzung für ein Amt war der Status als freier römischer Bürger. Die Wahl selbst erfolgte durch verschiedene

Volksversammlungen. Die *comitia tributa* – das nach Wahlkreisen eingeteilte Volk – wählte die beiden untersten Ämter. Die *comitia centuriata* wählte die Prätoren und Konsuln sowie den obersten Priester, den *pontifex maximus.* Diese Zenturiatskomitien setzten sich aus Wählern zusammen, die nach sieben Vermögensklassen eingeteilt wurden, wobei mehr Vermögen auch eine höhere Stimmkraft bedeutete. Der Kreis schließt sich mit den beiden Zensoren, die ebenfalls von den Zenturiatskomitien gewählt wurden. Sie durften ausschließlich aus den Reihen ehemaliger Konsuln stammen, blieben fünf Jahre in ihrem Amt und sorgten unter anderem für die Besetzung des Senats.

Neben den zentralen Staatsämtern gab es noch eine Reihe weiterer, darunter die zehn Volkstribune, die jährlich vom *conci-*

CAMPUS MARTIUS I Zwischen der Beuge des Tiberknies und der einstigen Via Lata, der heutigen ☞ Via del Corso, erstreckt sich eine mehr als zwei Quadratkilometer große Fläche, das Marsfeld oder, wie das Stadtviertel heute heißt, der ☞ Campo Marzio. Zur Zeit der Römischen Republik befand sich das Areal in öffentlichem Besitz und war dem Kriegsgott Mars gewidmet, dem hier auch ein großes Heiligtum errichtet worden war, das sich in der Nähe der ☞ Piazza Venezia befunden haben dürfte. Die meiste Zeit des Jahres diente das Areal als Weideland. Vor den vielen Kriegs- und Eroberungszügen fanden hier die Musterungen statt, danach war es die Bühne großer Triumphzüge. Eines der wesentlichsten Gebäude auf dem Marsfeld war die Villa publica – ein Park und ein Gebäude, in dem die Zensoren ihres Amtes walteten, wo man aber auch Gesandtschaften aus fremden Ländern unterbrachte oder das Rekrutierungsbüro. Bauliche Reste haben die Zeiten nicht überdauert, doch die Villa befand sich etwa zwischen ☞ Via di S. Marco, ☞ Via d'Aracoeli und ☞ Via degli Astalli, also hinter der ☞ Chiesa del Gesù. Auf dem Marsfeld fanden zudem die *comitia centuriata* statt, um die Konsuln und Prätoren des jeweils folgenden Jahres zu wählen, über Kriegszüge zu entscheiden und über Gesetzesvorhaben abzustimmen. *Ovile,* Schafstall, nannte man den Flecken, wo die Zenturiatskomitien abgehalten wurden, bis Caesar mit der Planung eines repräsentativen Bauwerks begann. Doch die Saepta Iulia, eine rund 24.000 m^2 große Säulenhalle, wurde erst knapp zwei Jahrzehnte nach Caesars Tod eingeweiht. Hinter der Saepta Iulia errichtete man mit dem Diribitorium einen nicht minder beeindruckenden Saal, in dem die Stimmtäfelchen der Zenturien ausgezählt wurden. Die beiden Gebäude befanden sich unmittelbar neben dem ☞ Pantheon, wo noch heute Reste des Sockels zu bestaunen sind.

SELBSTHILFE VS. SELBSTJUSTIZ Grundsätzlich galt im Rom der Republik und der Kaiserzeit, dass Opfer einer Straftat oder deren Angehörige selbst nach den Tätern suchen mussten. Danach waren die Täter den Behörden zu überstellen, da ein geregeltes Gerichtsverfahren stattfinden musste. Notwehr allerdings wurde, auch wenn sie für den Delinquenten letal endete, nie in Frage gestellt. Das galt auch in der Zeit des Prinzipats und selbst noch nach den Gesetzen Justinians im 6. Jh.

---

lium plebis, das sich ausschließlich aus Plebejern zusammensetzte, gewählt wurden. Volkstribune galten als sakrosankt: Sie waren durch einen Eid geschützt und zumindest im Jahr ihres politischen Wirkens ihres Lebens sicher. Allerdings hatten sich die Volkstribune in den langen Jahren der Ständekämpfe eine Reihe von Befugnissen errungen, darunter auch das Führen tribunizischer Prozesse vor dem *concilium plebis* und, etwa in Fällen von Hochverrat, die Bestrafung durch Exil oder den Tod. Wer tatsächlich, was bei römischen Bürgern selten vorkam, zum Tod verurteilt wurde, musste mit Enthauptung, dem Erdrosseln im Gefängnis oder mit dem Sturz vom ☞ Tarpejischen Felsen, der schroff abfallenden Südspitze des Kapitols, rechnen.

Das wahre Zentrum der Macht aber war der Senat. Der Rat der Ältesten – *senex* bedeutet alter Mann oder Ältester – wurde nicht gewählt, sondern von den Zensoren ernannt. Zu Beginn der Republik bestand der Senat aus etwa 300 Mitgliedern, mit den Reformen Sullas stieg deren Anzahl auf 600, bevor Caesar sie nochmals auf 900, ja sogar 1.000 anhob. Der Senat bestimmte im Wesentlichen Roms Innen- und Außenpolitik. Man stimmte über Gesetze ab, hatte die letzte Entscheidung über die Staatsfinanzen, vergab Ämter und hielt ganz allgemein die Republik zusammen: Rom war eben keine Demokratie, sondern eine Aristokratie, in der die Nobilität bei allen Entscheidungen das Zünglein an der Waage war.

Selbst die Orte der Zusammenkunft der Senatoren unterlagen strikten Regeln, musste es sich doch grundsätzlich um geweihte Räume innerhalb der Stadt handeln. Eine spannende Zeitreise zu den Versammlungsorten des Senats bietet einmal mehr das ☞ Forum Romanum: Ursprünglich fand sich der Senat an einem *senaculum* genannten Platz – einer Art Wartebereich, bis das Quorum vollständig war – zusammen. Wo genau sich diese *senacula* befanden, darüber rätseln Archäologen.

Weitaus mehr weiß man über die *curia* genannten Sitzungsgebäude des Senats. Reste des ersten, der Curia Hostilia, fand man unter der Kirche ☞ SS. Luca e Martina knapp außerhalb des heutigen Forums. Diese Curia fiel einem Brand zum Opfer, woraufhin größer und etwas versetzt über der Brandruine die Curia Cornelia errichtet wurde, die ihrerseits mit Caesars Bauprojekt, der ☞ Curia Iulia, verschwand, die sich in direkter Nachbarschaft zur einstigen Curia Hostilia befindet. Im 8. Jh. zur Kirche umgewandelt, wurde der Bau später säkularisiert und während der faschistischen Regierungszeit in etwas verwandelt, was man sich damals unter klassischem römischem Purismus vorstellte. Der Fußboden mit den Intarsien aus Serpentin und Porphyr stammt noch aus der Regierungszeit Diokletians

---

SUBURA Das bevölkerungsreiche Viertel mit seinen Mietshäusern, den Handwerksbetrieben, Geschäften, Gastwirtschaften und Bordellen befand sich im Wesentlichen auf dem Gebiet des heutigen ☞ Rione Monti, eines besonders lebendigen Stadtteil Roms. Sein Zentrum lag ungefähr an der ☞ Piazza della Suburra unterhalb der ☞ Via Cavour. Dem unregelmäßigen Verlauf des Clivius Suburanus, der Hauptstraße des Viertels, entsprechen etwa die ☞ Via in Selci, die ☞ Via di S. Martino ai Monti und schließlich die ☞ Via di S. Vito bis zum ☞ Gallienusbogen (Arco di Gallieno), der ursprünglich den Namen Porta Esquilina trug und ein Stadttor der Servianischen Mauer war. Auf der anderen Seite endet die Subura am ☞ Arco dei Pantani am Rand des ☞ Augustusforums. Der Weg dorthin führt entweder durch die ☞ Via Baccina oder durch die ☞ Via della Madonna dei Monti – zwei schmale, parallel verlaufende Gassen, deren Anmut sich kein Rombesucher entgehen lassen sollte! Übrigens lebten nicht nur Arme in der Subura: Bis Caesar 63 v. Chr. zum *pontifex maximus* gewählt wurde, wohnte auch er in diesem Viertel. Wo genau sich das laut Sueton *aedes modesta,* das »bescheidene Haus« Caesars befand, ist nicht bekannt.

Die ☞ Rostra am zentralen Platz des ☞ Forum Romanum. Links der ☞ Bogen des Septimius Severus, unmittelbar hinter der Rednertribüne die ☞ Phokas-Säule und hinten Architrav und Säulen der ☞ Tempelruine des Aedes Castoris.

(reg. 284–305), das Portal dagegen ist eine Nachbildung, das Original befindet sich heute in ☞ S. Giovanni in Laterano, der römischen Bischofskirche des Papstes. Sehenswert in der Curia Iulia sind auch die beiden hier aufgestellten Reliefs aus der Epoche Trajans (reg. 98–117), die ein lebendiges Bild vom Treiben auf dem Forum vermitteln.

Direkt neben der Curia Iulia befand sich das Comitium – und damit der Gegenentwurf zum noblen Senat: Hier tagte die Volksversammlung, hier befanden sich die ☞ Rostra, eine Rednerbühne, von der Amtsträger und Juristen zum römischen Volk sprachen. Vom Comitium ist so gut wie nichts mehr zu sehen, die Rostra hingegen sind gut erkennbar.

Die Römische Republik funktionierte jedoch nicht nur dank ihrer Gesetze, ihres Rechtsapparates, ihrer Magistrate (die durchwegs Juristen waren) sowie der politischen Gremien, sondern auch dank eines über Jahrhunderte gewachsenen sozialen Gewebes. Dazu zählte das heute geradezu mafiös anmutende

Patronatssystem: Ein Patron – ein Mitglied der Nobilität, ein Patrizier oder wohlhabender Plebejer – war der Beschützer seiner freigelassenen Sklaven oder anderer Bürger, die sich unter seinen Schutz stellten und dafür, natürlich, Gegenleistungen zu erbringen hatten. Dazu gehörten die einfachen Dinge des Alltags wie etwa Botengänge, manchmal mussten die Schutzbefohlenen auch als Leibwächter fungieren oder als Claqueure herhalten, wenn ihr Patron eine Rede hielt. Vor allem aber waren die Schützlinge bei den jährlichen Wahlen zur unbedingten Loyalität verpflichtet: Sie wählten in den 193 Zenturien der *comitia centuriata* denjenigen, den ihr Patron ihnen nannte. Umgekehrt war der Patron verpflichtet, die Interessen seiner Klientel – also seiner Schutzbefohlenen – vor Gericht zu vertreten. Dieser Klientelismus trieb allerlei seltsame Blüten. So muss es zwischen ☞ Subura – dem lebendigen, einfachen Viertel am Saum des Forums – und den Hängen der Hügel, wo die Wohlhabenden in ihren Villen residierten, allmorgendlich

Bereits Plinius der Ältere berichtete von drei prächtigen, Schatten spendenden Bäumen auf dem zentralen Platz des ☞ Forum Romanum. Heute sind Olivenbaum, Feigenbaum und Weinstock zwischen dem ☞ Bogen des Septimius Severus, der ☞ Curia Iulia und den ☞ Rostra nach wie vor weithin sichtbarer Mittelpunkt dieses faszinierenden Areals.

eine regelrechte Völkerwanderung gegeben haben, denn die Klientel musste ihrem Patron jeden Morgen ihre Aufwartung machen. Da viele Schutzbefohlene zur Sicherheit mehr als einem Patron dienten, war dieses Morgenritual mitunter in zahlreichen Häusern zu absolvieren. In dieser Hinsicht waren auch Wahlen eine Herausforderung, saß die Klientel doch nicht selten zwischen zwei oder sogar mehreren Stühlen. Mit dem *nomenclator* hatten die Patrone sogar einen eigenen Bediensteten, dessen oft einzige Aufgabe es war, den Überblick über die Schar der Klienten, deren Namen und Aufgaben, deren Gesichtszüge und Besonderheiten zu bewahren.

Was die Wahlen betraf, so schuf ein Volkstribun namens Aulus Gabinius im Jahr 139 v. Chr. zumindest eine gewisse Abhilfe: Er brachte die *leges tabellariae* ein, mit denen bei Wahlen nicht mehr offen abgestimmt wurde, sondern Stimmen schriftlich und damit mehr oder weniger geheim abgegeben wurden. Wie weit dieses Gesetz der Abgabe korrumpierter Stimmen Einhalt geboten hat, bleibt fraglich. Denn der Klientelismus bestand weiterhin und begann in seiner Sonderform, dem Heeresklientelismus, die republikanischen Systeme zu unterwandern.

Res publica amissa – Wir fürchten den Verlust der Republik

Je mächtiger Rom wurde, je mehr Reichtum manche Römer ansammelten und je größer Gier und Ehrgeiz Einzelner wurden, desto sichtbarer erodierte die Republik und geriet schließlich in eine zersetzende Krise. Cicero, ein Zeitgenosse und letztlich selbst Opfer des Untergangs der Republik, beklagt nicht nur in seinen Reden gegen Catilina, sondern auch in seinem staatstheoretischem Werk *De re publica* den Verlust von Ehre und Gerechtigkeit, die die Republik einst definiert hatten. Innerhalb nicht einmal eines ganzen Jahrhunderts sah die

DER ADLER Das Symbol des Gottes Jupiter wurde, so Plutarch, um 100 v. Chr. zum Symbol für Senat und Volk von Rom. Veranlasst hat dies angeblich der Heeresreformer und mehrfach zum Konsul gewählte Gaius Marius.

Republik mit den Gracchen, Marius, Sulla, Pompeius, Caesar und Cicero ihre berühmtesten Vertreter, während sie gleichzeitig mit Riesenschritten ihrem Untergang entgegenstrebte. Über Hintergründe, Protagonisten und Vorkommnisse dieser Ära diskutieren Historiker nach wie vor, stimmen aber darin überein, dass ihr Ende mit dem Jahr 133 v. Chr. begann.

Rom war zu dieser Zeit bereits Weltmacht. Mit den eroberten Völkern schloss man, so sich diese gefügig zeigten, relativ liberale Verträge, die jedoch immer das Verbot einschlossen, dass sie sich untereinander verbanden: *Divide et impera* als unschlagbares Erfolgsrezept nach außen. Die Krise jedoch entwickelte sich im Inneren.

Im 2. Jh. v. Chr. hatte Rom längst auch die italienische Halbinsel unter seine Kuratel gebracht, ein Gebiet, das größtenteils als *ager publicus,* als zum Staatsgebiet zählender Grund und Boden, betrachtet wurde. Diesen kauften reiche Römer auf, bis sie über enorme Latifundien verfügten. Auf der anderen Seite standen Kleinbauern, die ihre Parzellen verkauften und dabei völlig verarmten. Die Beweggründe liegen im Dunkeln. Verkauften die Bauern, weil die Konkurrenz ohnehin übermächtig war? Oder taten sie es, weil ihnen die schillernde Stadt Rom so viel verlockender schien als die harte Arbeit am Feld? Mit den Zuwanderern aus dem römischen Umland, die in der Stadt nicht selten unter der Armutsgrenze existierten, bewegte sich Roms Einwohnerzahl auf die Million zu. An die 40.000 *insulae* genannte Wohnhäuser (deren Zellen in den oberen Stockwerken die Bezeichnung Wohnraum kaum verdienten) standen knapp 1.800 *domus* gegenüber, Einfamilienhäusern, die je nach Vermögen zu veritablen Palästen ausgebaut wurden. Sehr viele Arme also standen sehr wenigen Reichen gegenüber. Die sozialen Verwerfungen waren enorm und zogen politische nach sich, zumal diese Problematik Roms militärische Vormachtstellung bedrohte. Denn nach wie vor gab es kein Berufsheer, sondern eine Bürgermiliz, die nach Vermögensklassen eingeteilt auf eigene Kosten für Rom in die Eroberungskriege zog. Doch wer am Existenzminimum angekommen war, konnte sich oft nicht einmal Schuhe leisten. Reformen waren überlebensnotwendig, doch diese entpuppten sich samt und sonders als der Anfang vom Ende, denn jeder Reformversuch endete letztlich in der Übertretung der republikanischen Gesetze und meistens sogar in einem Blutbad.

Das Jahrhundert der Römischen Bürgerkriege begann, als Tiberius Sempronius Gracchus im Jahr 133 v. Chr. sein Amt als Volkstribun antrat. Tiberius Gracchus strebte eine Art Landreform an, indem er den Landbesitz der Reichen und Superreichen auf eine bestimmte Fläche begrenzen wollte. Was übrigblieb, sollte an die Armen verteilt werden. Ein Teil des Senats stimmte dem zu, aber natürlich längst nicht alle. Also

---

SPARTACUS Man weiß so gut wie nichts über ihn, man nimmt bloß an, dass er vom Schwarzen Meer stammte: Der Gladiator Spartacus floh 73 v. Chr. mit siebzig weiteren Sklaven aus der Gladiatorenschule in Capua, woraufhin sich ihm so viele Menschen anschlossen, dass sich die ersten römischen Soldaten, die gegen Spartacus ausgesandt wurden, bereits mehreren Zehntausenden gegenübersahen. Spartacus gelangen erstaunliche militärische Erfolge, und er plante, seine Truppe in den Norden führen, um möglichst weit weg von Rom ein Leben in Freiheit führen zu können. Das Verhängnis begann, als die Geflohenen, verführt von ihren ersten erfolgreichen Kämpfen, nicht über die Alpen zogen, sondern zurück in den Süden, um Rom anzugreifen. Dort hatte man mittlerweile Crassus das Kommando übergeben, und dieser drängte Spartacus' Heer nun immer weiter zurück in den Süden. Letzten Endes fiel Spartacus in einer letzten Schlacht beim heutigen Reggio di Calabria im Jahr 71 v. Chr. Rund fünftausend Rebellen flohen und trafen nördlich von Rom auf die Truppen Pompeius', der sie vernichtend schlug. Crassus hingegen nahm an die sechstausend Männer gefangen und ließ sie entlang der gesamten 200 km der ☞ Via Appia von Capua bis an die Stadttore Roms kreuzigen.

ging Tiberius Gracchus einen höchst ungewöhnlichen Weg und legte den Gesetzesentwurf nicht dem Senat, sondern der Volksversammlung vor. Die stimmte zu, doch ein anderer Volkstribun legte ein Veto ein, womit die Landreform wieder vom Tisch war. Und hier verließ Tiberius Gracchus den legalen Bereich: Er ließ seinen Kollegen durch Plebiszit abwählen, womit er das Vetorecht und das so lange erfolgreiche Konsensprinzip der römischen Politik aushebelte. Auf diesen ersten Verfassungsbruch folgte unmittelbar danach der zweite, indem Gracchus ein Vermögen, über das nur der Senat verfügen durfte, via Plebiszit zur Finanzierung seiner Reform heranzog. Da sich Tiberius Gracchus mit all dem nicht nur mächtige Feinde geschaffen hatte, sondern nach seiner Amtszeit auch die rechtliche Immunität zu verlieren drohte, stellte er sich nochmals zur Wahl als Volkstribun – der dritte Verfassungsbruch. Und so kam es, wie es kommen musste: Tiberius Gracchus' Gegner verbreiteten das böse Gerücht, er wolle sich zum Tyrannen emporschwingen, und als das *concilium plebis* wieder zusammentrat, gingen Gegner und Anhänger des Reformers mit Fäusten und Waffen aufeinander los. Das Ende vom Lied erklang auf dem Aventin, wo Tiberus Sempronius Gracchus mit dreihundert seiner Anhänger erschlagen wurde. Seine Leiche warf man in den Tiber. Doch damit beging seinerseits auch der Senat einen Verfassungsbruch, denn Tiberius Gracchus war nach wie vor Volkstribun, also sakrosankt. Und auch die Tatsache, dass ein römischer Bürger auf römischem Boden ermordet wurde, hätte eine Klage und eine Gerichtsverhandlung nach sich ziehen müssen. Nichts dergleichen geschah.

Zehn Jahre später nahm Gaius Sempronius Gracchus, der jüngere Bruder des ermordeten Volkstribuns, dessen Ideen wieder auf, scheiterte aber ebenfalls. Als es bei einem Zusammentreffen seiner Anhänger und seiner Gegner auf dem Kapitol zu einem Zwischenfall kam, brach ein derartiger Tumult aus, dass der Senat erstmals in der Geschichte Roms das *senatus consul-*

CARCER TULLIANUS Die römische Rechtsprechung kannte keine Gefängnisstrafe. Gefängnisse dienten vielmehr dazu, Delinquenten so lange festzusetzen, bis eine Strafe vollzogen wurde. Ein weiterer Grund, in einem römischen Gefängnis zu landen: Man hatte das Pech, einem römischen Feldherrn zu unterliegen, von diesem gefangen genommen und im Triumphzug über Roms Campus Martius auf das Kapitol geführt zu werden. Nach dem Triumphzug war das Gefängnis das kurze irdische Purgatorium vor dem Erdrosseln oder Enthaupten. Keine der spektakulären römischen Sehenswürdigkeiten, aber durchaus ein wenig Gänsehaut wert ist das alte Verlies unter der Kirche ☞ S. Giuseppe dei Falegnami am Fuß des ☞ Kapitols, knapp außerhalb des Forum Romanum. Die berühmtesten Gefangenen, die hier auf ihren Tod warteten, waren der von Marius geschlagene numidische König Jugurtha, Caesars gallischer Gegenspieler Vercingetorix, die von Cicero entlarvten Mitverschwörer Catilinas sowie, zumindest laut christlicher Überlieferung, der Apostel Petrus und der bekehrte Paulus. Das Schicksal aller im Kerker Hingerichteten war ähnlich: Waren sie berühmt, wurde ihr Leichnam auf der Gemonischen Treppe (wahrscheinlich eine Verbindung zwischen Forum und Kapitol) zur Schau gestellt. Danach schleifte man sie mit Haken zum Tiber und warf sie einfach in den Fluss. Letzteres galt als Teil der Bestrafung, denn wessen Körper im Meer trieb, dem war der Zugang zum Jenseits verwehrt. Mit anderen machte man kurzen Prozess und warf sie durch ein Loch im Gefängnisboden direkt in die Cloaca Maxima. Die Aufsicht über das Gefängnis hatten die *tresviri capitales,* niedere Beamte, die vor allem für die Ahndung und Abwehr von Eigentums- und Gewaltdelikten zuständig waren.

---

tum ultimum ausrief, den Staatsnotstand. Gaius Gracchus floh – zuerst auf den Aventin, danach über den Tiber bis zum Heiligtum der Furrina (ein Wäldchen im Park der heutigen ☞ Villa Sciarra) auf dem Gianicolo, wo er sich von seinem Sklaven Philokrates töten ließ.

Das Resultat der Gracchischen Reformversuche und des vehementen konservativen Widerstands dagegen war eine tiefe Spaltung der römischen Gesellschaft. Wesentliche Gesetze, die das innenpolitische Gefüge der Republik bislang verlässlich geordnet hatten, waren von beiden Seiten mutwillig gebrochen worden. Verdankte Rom seinen Erfolg bislang der geschmeidigen Anpassungsfähigkeit und der Kompromissbereitschaft ihrer Gremien, so hatten sich nun zwei unversöhnliche Lager gebildet, deren Fronten sich zunehmend verhärteten: einerseits die Optimaten als Anhänger einer konservativen, vom Senat dominierten Politik, andererseits die Popularen als Befürworter einer Politik durch Plebiszite der Volksversammlungen.

Die erste Etappe auf dem Weg zum Ende der Republik war mit dem Tod der Gracchen und ihrer nicht realisierten Bodenreform vorüber. Die zweite folgte mit der großen Heeresreform des Gaius Marius. Marius, ein Anhänger der Popularen, war ein enorm tüchtiger Feldherr, der sein Ansehen vor allem dadurch errang, dass er 102 und 101 v. Chr. die Kimbern und Teutonen vernichtend schlug. In Rom war die Furcht vor diesen germanischen Völkern so groß, dass Marius – ein neuerlicher Verfassungsbruch – in vier aufeinanderfolgenden Jahren (104–100 v. Chr.) zum Konsul gewählt wurde. Marius nützte die Zeit und machte aus der Bürgermiliz eine schlagkräftige Berufsarmee. Nun erhielten die Soldaten einen festen Sold, einen Anteil an der Beute und nach zwanzig Jahren Dienstzeit ein Stück Land. Sowohl den Anteil an der Beute als auch die Abfindung als Veteranen bekamen sie von ihrem Feldherrn, dem sie mithin für alle Zeit verpflichtet waren. Solange nun die Republik und der jeweilige Feldherr an einem Strang zogen, war das neue System ein Gewinn. Doch wehe, wenn ein Feldherr mit der Republik in Konflikt geriet und die Legionen schlagkräftig demonstrierten, wo ihre wahre Loyalität lag!

Deutlich zeigte sich das auf der nächsten Etappe zum Untergang der Republik, und zwar mit Lucius Cornelius Sulla, einem Anhänger der Optimaten, der 88 v. Chr. zum Konsul gewählt wurde. Es war das Jahr, in dem Rom nach dem verlorenen Bundesgenossenkrieg gezwungen war, den Italikern einige Rechte einzuräumen, insbesondere das Wahlrecht. Sulla, ein Anhänger der Macht der römischen Aristokraten, geriet in einen heftigen Konflikt mit Publius Sulpicius Rufus, Volkstribun desselben Jahres, der den Bundesgenossen mehr Stimmgewicht einräumen wollte. Als Sulla zu einem Feldzug aufbrach, erreichte ihn nicht weit von Rom die Nachricht von Sulpicius' Versuch, ihn zu entmachten: Die Volksversammlung hatte Sul-

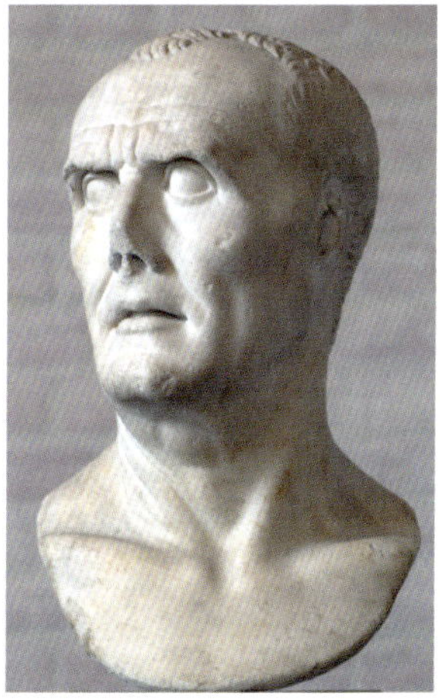

Gegenspieler: Lucius Cornelius Sulla (oben) und Gaius Marius (unten).

las Kommando kurzerhand auf Marius, den Heeresreformer und Popularen, übertragen. Doch als Boten bei Sulla eintrafen, um die Heeresführung interimistisch zu übernehmen, wurden sie von Sullas Soldaten gesteinigt: Hätten sie sich dem Entschluss der Volksversammlung gebeugt, wäre Marius mit seinen Soldaten in den Krieg gezogen, das Heer Sullas aber wäre ohne Sold nach Hause geschickt worden.

Nach diesem Angriff traf Sulla eine folgenschwere Entscheidung: Er zog nicht wie geplant gegen Mithridates von Pontos, sondern gegen Rom. Und das fiel ihm aufgrund völlig veralteter Verteidigungsanlagen wie ein reifer Apfel in den Schoß. Den Angriff stellte Sulla als Rettung des Staates dar. Seine Gegner aus den Reihen der Popularen ließ er durch den Senat zu *hostes publici,* Staatsfeinden, erklären und zur Hinrichtung ausrufen – ein klarer Rechtsbruch, durfte doch jeder Römer grundsätzlich mit einem geregelten Gerichtsverfahren rechnen und dank des *ius provocandi* im Fall eines Todesurteils die Volksversammlung um Beistand anrufen. Sulla kümmerte das nicht, und als man schließlich auch Sulpicius aufgriff, wurde er kurzerhand hingerichtet. Marius gelang um Haaresbreite die Flucht, Sulla übernahm die Alleinherrschaft. Mittels neuer Gesetze vergrößerte er den Senat um dreihundert Mitglieder aus den Reihen der Optimaten und verlieh ihm sehr viel Macht. Gleichzeitig beschnitt er die Rechte des Volkstribunats sowie der Volksversammlung empfindlich. Danach ließ er noch Konsulatswahlen für das Jahr 87 v. Chr. abhalten, deren Resultat jedoch den fatalen Riss widerspiegelte, der sich durch die römische Gesellschaft zog: Mit Gnaeus Octavius wurde zwar ein Mann Sullas, ein Optimat, Konsul. Der andere jedoch war Lucius Cornelius Cinna, ein Freund Marius' und erklärter Anhänger der Popularen.

Während Sulla nun doch noch an die Südküste des Schwarzen Meeres in den Krieg gegen den König von Pontos zog, brach in Rom ein blutiger Bürgerkrieg aus. Cinna und der mittlerweile uralte Marius rissen die Macht an sich und verfolgten nun ihrerseits die Anhänger Sullas. Auf dem Forum wurde nicht mehr Recht gesprochen, sondern gekämpft, und die hinauf zum Palatin führende ☞ Via Sacra wurde zum Schlachtfeld. Cinna verlor diesen Kampf und floh aus Rom – nur um sich mit Marius zu verbünden und durch dessen Truppen unterstützt zurückzukehren. Noch im selben Jahr, 87 v. Chr., nahmen Marius und Cinna Rom ein und errichteten ein Terrorregime, dem nun auch Gnaeus Octavius zum Opfer fiel: Er wurde enthauptet und sein Kopf wurde auf den ☞ Rostra zur Schau gestellt – dort, wo unter normalen Umständen Rechtsgelehrte ihre Plädoyers und Politiker ihre Wahlreden hielten. In den folgenden drei Jahren, bis 84 v. Chr., wurde nun Cinna Jahr für Jahr zum Konsul gewählt. In jener Zeit verheiratete er seine Tochter Cornelia mit einem jungen ehrgeizigen Mann aus einer alten, ehrwürdigen Familie: Gaius Iulius Caesar, den diese Verwandtschaft nur wenig später fast das Leben kosten sollte.

Sulla kehrte 83 v. Chr. nach Italien zurück und zog neuerlich mit seinem Heer gegen Rom. Soldaten, die Cinna ihm entgegengesandt hatte, liefen reihenweise zu Sulla über, Cinna selbst wurde von einem meuternden Heeresverband erschlagen. Und Sulla fand Verbündete: Gaius Verres, Gnaeus Pompeius Magnus, Lucius Sergius Catilina und Marcus Licinius Crassus, junge Männer in ihren Zwanzigern, die in den letzten Jahren der Republik Hauptrollen spielten. Mit allerlei Winkelzügen, um den Schein einer legalen Wahl zu wahren, ließ sich Sulla 82 v. Chr. zum *dictator* ernennen, ein Amt, das er drei Jahre innehatte und für das ihn die neue *lex Valeria de Sulla dictatore* legitimierte, ein Ermächtigungsgesetz, das ihm freie Hand gab. Diese nutzte er gleich zu Beginn dafür, seine Feinde auf Proskriptionslisten zu setzen – de facto ein Freibrief für Mord und Totschlag. Sulla richtete ein wahres Massaker unter seinen Kontrahenten an, ließ deren Vermögen einziehen und dann an den Meistbietenden versteigern. Damit kam unter anderem so viel verkäuflicher Landbesitz auf den Markt, dass die Preise rapide verfielen. Wer klug war, griff zu und wurde reich. Einer, der sich dabei besonders hervortat, war Crassus, dessen sagenhaftes Vermögen sich Sullas Proskriptionslisten verdankte. Caesar stand ebenfalls auf den Listen, konnte jedoch fliehen und wurde später begnadigt.

In den folgenden drei Jahren erließ Sulla eine Reihe neuer Gesetze, die die Römische Republik neu ordneten. Er stärkte den Senat, übergab die Strafgerichtshöfe den Senatoren, erhöhte deren Anzahl auf sechshundert (auch, um den Kahlschlag, den die Proskriptionen unter den Senatoren angerichtet hatten, zu kompensieren) und schaffte das Amt der Zensoren ab. Wer von nun an Senator werden wollte, musste lediglich das Amt des Quästors ausgeübt haben. Das Alter, um ein Amt antreten zu dürfen, wurde nun verbindlich festgelegt, und Schlupflöcher, um Ämter zu überspringen, wurden geschlossen. Dies galt vor allem für das eher unbeliebte Amt der Prätoren, da diese als oberste Richter des Römischen Reiches echte Sachkenntnis mitbringen mussten. Gleichzeitig schränkte Sulla das Amt des Volkstribuns stark ein: Er konnte nun nicht mehr später den *cursus honorum* durchlaufen, und auch das Vetorecht war ihm im Wesentlichen entzogen. Sulla, der *dictator legibus scribundis et rei publicae constituendae,* der Diktator für die Abfassung von Gesetzen und die Neuordnung des Staates, regierte mit eiserner Hand. Wer ihm widersprach, musste durchaus damit rechnen, sein Leben zu verlieren. Trotzdem war er offenbar von einem tiefen Respekt vor der *res publica* geprägt und ließ über seine *leges Corneliae* von den Zenturiatskomitien abstimmen.

Im Jahr 79 v. Chr. legte Sulla die Diktatur dann überraschenderweise einfach nieder und zog sich auf sein Landgut auf dem Posillipo bei Neapel zurück. Dort genoss er das Leben mit seiner fünften Ehefrau und verfasste seine Memoiren, die leider verschollen und lediglich durch Zitate anderer Autoren überliefert sind. Sulla starb bereits im Jahr darauf und erhielt ein pompöses Staatsbegräbnis auf dem römischen Marsfeld. Sein Gesetzeswerk hielt nicht einmal ein Jahrzehnt. Nur acht Jahre später bekamen die Volkstribune ihre Befugnisse zurück, wurden die Gerichtshöfe dem Senat entzogen und die Zensoren wieder installiert. Es war niemand Geringerer als Pompeius, Sullas einstiger Bündnispartner, der viele Gesetze des *dictator* aufhob, als er 70 v. Chr. gemeinsam mit Crassus römischer Konsul war.

Durch Sullas Regime hatte sich vor allem eines gezeigt: Wer genügend Truppen hinter sich hatte, der konnte die Macht übernehmen. Wie unzufrieden die Römer und besonders die arme Landbevölkerung waren, demonstrierte nicht zuletzt der Zulauf, den Spartacus' Rebellion hatte. Die *res publica* hatte mit all ihren Unzulänglichkeiten die Jahrhunderte überstanden und war dem immer größer werdenden Reich ein stabiles Fundament gewesen. Nun erwies sich ihr einst so geschmeidiges Gewebe als ausgesprochen brüchig.

Zehn Jahre später strebte Lucius Sergius Catilina mit Hilfe von Soldaten an die Macht. 66 v. Chr. plante Catilina, sich der Wahl zum Konsul zu stellen, was ihm jedoch wegen eines Repetundenverfahrens – Roms berühmtes und wirksames

Instrument gegen Ämtermissbrauch und Erpressung – verwehrt war. Zwei Jahre später versuchte er es erneut und unterlag dem weitaus redegewandteren Marcus Tullius Cicero, der 63 v. Chr. Konsul wurde. Als Catilina es wieder versuchte und abermals unterlag (nicht zuletzt deshalb, weil Cicero die Wahlkampfreden Catilinas rhetorisch in der Luft zerriss), hatte er durch die Wahlkämpfe so enorm hohe Schulden angehäuft, dass ihm ein Staatsstreich die einzige Lösung seiner Misere schien. Da es im Römischen Reich ohnehin gärte, konnte Catilina einige unzufriedene Veteranen Sullas um sich scharen, die begannen, in Mittel- und Norditalien Truppen auszuheben. Der Plan war denkbar einfach: Diese Truppen sollten nach Rom ziehen und dort wichtige Persönlichkeiten außer Gefecht setzen, sodass Catilina im folgenden allgemeinen Chaos die Macht an sich reißen könnte.

Die Catilinarische Verschwörung scheiterte an einer Frau mit dem Namen Fulvia, über die kaum etwas bekannt ist, aus-

---

LESETIPPS Zeiten ändern sich, Systeme ändern sich, die Menschen aber bleiben immer gleich: So lautete die Conclusio des britischen Autors Robert Harris auf die Frage eines Rezensenten, weshalb er sich so ausführlich mit Cicero befasst habe. Harris' Trilogie *(Imperium, Titan, Dictator)* über den vielleicht berühmtesten und eloquentesten Juristen der römischen Republik ist sowohl im Original als auch in der ausgezeichneten deutschen Übersetzung höchst lesenswert. Sie gleicht einer Parabel über Ehrgeiz und Politik, Macht und Scheitern und liest sich spannend wie ein Kriminalroman. Die Catilinarische Verschwörung spielt übrigens auch in Bert Brechts Romanfragment *Die Geschäfte des Herrn Julius Caesar* eine bedeutende Rolle.

Büste Ciceros in den ☞ Kapitolinischen Museen.

genommen, dass sie wahrscheinlich aus vornehmen Kreisen stammte, mit einem der Verschwörer eine Affäre unterhielt und Cicero aus rätselhaften Gründen über das kommende Unheil mittels eines Briefs informierte. Mit weiteren Schriftstücken, die ihm zugespielt wurden, konnte Cicero Catilina vor dem Senat stichhaltig des Verrats bezichtigen, worauf der Senat neuerlich das *senatus consultum ultimum* beschloss. Catilina, der ja ebenfalls Senator war und Ciceros Ausführungen mit scheinbarem Erstaunen gefolgt war, gab sich unschuldig und ging sogar freiwillig in Privathaft. Die Haft war offensichtlich unvollkommen, und wenngleich der Aufstand außerhalb Roms weitgehend verhindert werden konnte, gelang es Catilina, mit seinen Mitverschwörern die Ermordung Ciceros zu planen. Doch wieder war es einem Brief Fulvias zu verdanken, dass der Plan fehlschlug. Am 7. November 63 v. Chr. ließ

Ein Blick über das Forum Romanum auf den ☞ Palatin. Die nach der Zeitenwende errichteten Kaiserpaläste auf dem Palatin trugen gemeinsam den Namen *palatium,* woraus sich das italienische Wort *palazzo* ebenso entwickelte wie das französische *Palais* und das deutsche *Palast.* Auch der *Paladin,* die kaiserliche Palastwache, und die *Pfalz,* die Regierungsstätten deutscher Könige, sind etymologisch auf den Palatin zurückzuführen.

CICEROS BESITZTÜMER Marcus Tullius Cicero war ein *homo novus,* sein Vater ein angesehener Ritter und einigermaßen wohlhabend, aber keineswegs reich. Nach einer profunden rhetorischen und juristischen Ausbildung machte sich Cicero einen Namen durch den Mordprozess gegen Sextus Roscius, in dem es Cicero gelang, die wahren Schuldigen zu entdecken. Zehn Jahre später folgte der legendäre Prozess gegen Gaius Verres vor dem Repetundengerichtshof, in dem Cicero seinen stärksten Widersacher, den Verteidiger Quintus Hortensius Hortalus, herausforderte und schlug. Als sich Cicero um sein erstes Amt bewarb, war es das Vermögen seiner Frau Terentia, das in seinen Wahlkampf floss. Mit der Zeit, den Ämtern und den zahlreichen Klienten gelang es Cicero, ein Vermögen zusammenzutragen, das es durchaus mit dem eines Aristokraten aufnehmen konnte. Anfang der 60er-Jahre v. Chr. starb sein Vater, von dem er eine Landwirtschaft in Arpinum, seinem Geburtsort, erbte und ein Haus im Viertel Carinae (etwa im Bereich der heutigen ☞ Via Fagutale in der Nähe von ☞ San Pietro in Vincoli) auf dem Esquilin. Ciceros ganzer Stolz aber war ein elegantes Haus an der Flanke des ☞ Palatins, das er 62 v. Chr. von Crassus gekauft hatte. Bezahlt hatte Cicero für das Anwesen an der ☞ Via Nova dreieinhalb Millionen Sesterze, eine beachtliche Summe, wenn man bedenkt, dass ein einfacher Handwerker pro Tag etwa einen Sesterz verdiente. »Deshalb habe ich jetzt«, schrieb er an seinen Freund Atticus, »so hohe Schulden, dass ich eine Verschwörung anzetteln möchte, wenn jemand mich haben will ...«.

Cicero die Bänke der Senatoren zum Tempel des Jupiter Stator am Fuß des ☞ Palatins tragen, den man leichter gegen einen allfälligen Angriff der Anhänger Catilinas verteidigen konnte, und hielt unter starker Bewachung die erste seiner vier Reden gegen Catilina. In der vierten und letzten Rede am 5. Dezember fasste Cicero nochmals den gesamten Sachverhalt zusammen, woraufhin der Senat gegen das Veto Caesars über die mittlerweile entlarvten und inhaftierten Mitverschwörer die Todesstrafe verhängte, ohne ihnen die Möglichkeit zur Berufung gemäß der *lex Sempronia* zu geben. Ein Urteil, das sich für Cicero fünf Jahre später als verhängnisvoll erwies, als er vom Volkstribunat deshalb angeklagt wurde und ins Exil gehen musste. Und Catilina? Er war in den Norden geflohen und hatte ihm immer noch loyal ergebene Truppen übernommen, starb jedoch bei einer Schlacht in der Toskana im Jahr darauf.

Den Tempel des Jupiter Stator hatte Cicero auch deshalb als Bühne seiner Reden gewählt, weil dieser angeblich noch unter dem Stadtgründer Romulus geweiht worden war und weil der römische Hauptgott Jupiter mit dem Beinamen Stator als der Gott, der »die Feinde zum Stehen bringt«, verehrt wurde. Sein Tempel auf dem Forum Romanum verschmolz im Laufe der Zeit mit anderen antiken römischen Sakralbauten und im 6. Jh.

CAMPUS MARTIUS II Als Pompeius 62 v. Chr. nach seinem langen und erfolgreichen Feldzug gegen die Piraten, gegen Pontos, Syrien und Judäa nach Rom zurückkehrte, gab er auf dem Campus Martius den ersten aus Stein errichteten Theaterbau des antiken Rom in Auftrag. Das ☞ Theater des Pompeius war enorm und fasste bei einem Durchmesser von rund 150 m etwa 17.500 Zuschauer. An diese Anlage in Form eines Amphitheaters schloss sich ein 180 m langer und 135 m breiter Säulengang, der Portikus, an dessen Ende sich eine quadratische Nische, die Exedra, öffnete. Der Portikus umschloss einen Garten mit Brunnen und Bäumen und war mit Statuen griechischer Künstler geschmückt, die Ciceros engster Freund Atticus ausgewählt hatte. In der Exedra, der ☞ Curia des Pompeius, prangte eine Heldenstatue des Bauherrn – eben jene, unter der Caesar an den Dolchstößen der Verschwörer starb. Die Umrisse des Gebäudekomplexes sind gut dokumentiert: Das Halbrund des Theaters stieß ungefähr an den heutigen ☞ Campo de' Fiori. Auf der direkt anschließenden ☞ Piazza del Biscione gibt es ein empfehlenswertes Restaurant namens ☞ Da Pancrazio, in dessen Keller man noch die alten Steinwände des Theaters sehen kann. Die Längsseiten des Säulengangs verliefen etwa entlang des ☞ Vicolo dei Chiodaroli und der ☞ Via di S. Anna sowie, parallel, der ☞ Via del Sudario. Ein Teil der Curia ist heute noch sehen, wenn auch nicht zu besuchen: Sie befindet sich unter der ☞ Via di Torre Argentina, am Westrand der Ausgrabungen des ☞ Largo di Torre Argentina, ein Ort, der heute vor allem für seine Katzenkolonie berühmt ist.

Die Area Sacra auf dem ☞ Largo di Torre Argentina. Die dunklen Bögen im Hintergrund sind Teil der ☞ Curia des Pompeius.

mit der Kirche ☞ SS. Cosma e Damiano. Der als »Tempel des Romulus« bezeichnete Rundbau stammt allerdings nicht mehr aus Ciceros Ära, sondern aus dem frühen 4. Jh. Sehenswert ist die Kirche in jedem Fall, einerseits aufgrund eines wunderbaren Apsismosaiks, andererseits wegen der Bronzetüren am Rundbau, die noch aus der Bauzeit des Tempels stammen.

Die Niederlage Catilinas brachte die alte Stabilität nicht zurück, denn die Bevölkerung war arm und unzufrieden. Und sie hungerte, weil das Getreide für die Hauptstadt, das aus Sizilien und Nordafrika kam, in so großen Mengen von Piraten geraubt wurde, dass die Preise aufgrund des Mangels exorbitant stiegen. Damit blieb dem Senat gar nichts anderes übrig, als sich wieder in die wohlwollenden Hände eines starken Mannes zu verfügen. Und so stattete man Gnaeus Pompeius Magnus, den besten Feldherrn, den Rom damals hatte, mit einem außerordentlichen *imperium* aus. Pompeius wurde nicht nur der Piratenplage Herr und sicherte die Handelswege, sondern zog danach in den Osten, um dort neuerlich Mithridates von Pontos zu bekämpfen. Auch diese Aufgabe löste Pompeius mit Bravour und kehrte, nachdem er auch in Syrien und Judäa ordnend eingegriffen hatte, 62 v. Chr. nach Rom zurück. Entgegen der Befürchtung einiger Senatoren entließ Pompeius seine Truppen, bevor er in die Stadt einzog. Trotzdem vertraten viele die Ansicht, Pompeius sei viel zu mächtig geworden, und um ihn politisch zu schwächen, hintertrieb man die Versorgung seiner Veteranen. Doch Pompeius fand Verbündete: einerseits den enorm reichen Marcus Licinius Crassus und andererseits Iulius Caesar, der für 59 v. Chr. zum Konsul gewählt wurde. Gemeinsam bildeten sie 60 v. Chr. das Erste Triumvirat. Von nun an, so die Vereinbarung, sollte keine staatspolitische Entscheidung mehr getroffen werden, die einem von ihnen »missfiele«, wie Sueton es formulierte. Am Rande sei angemerkt, dass Pompeius und Crassus einander überhaupt nicht mochten, und dass Cicero das Angebot, ebenfalls Mitglied dieses informellen Bündnisses zu werden, ablehnte.

Dass das Triumvirat die Gesetze der Republik brach, und zwar jene, die Gewalten- und Rechteverteilung regelten, muss kaum erwähnt werden. Die Triumviren schienen unüberwindbar. 56 v. Chr. erneuerten die drei ihr Bündnis, und im Jahr darauf waren Pompeius und Crassus Konsuln der Republik, womit sich Caesar erstens für seine Gesetzesbrüche während seines Konsulats nicht vor Gericht rechtfertigen musste und zweitens ein *imperium* über riesige Heeresverbände erhielt, mit denen er in den folgenden Jahren Gallien unterwarf. Und damit wendete sich das Blatt.

Crassus fiel 53 v. Chr. im Krieg gegen die Parther. Pompeius begann sich wieder dem Senat anzunähern, da nun Caesar zur Gefahr wurde. Seine ungewöhnlich lange Amtszeit als Prokonsul – Statthalter – in Gallien hatte ihn enorm reich und sein Kommando über große Truppenverbände extrem gefährlich gemacht.

In Rom drohte man Caesar anzuklagen, vor allem für seine Amtsführung als Konsul, als er seine Gesetze einigermaßen unorthodox im Senat durchgebracht hatte. Caesars Strategie, mit der er sich aus der Affäre zu ziehen hoffte, war, sich für das Jahr 48 v. Chr. zum Konsul wählen zu lassen. Doch Caesar war noch in Gallien, und eine Wahl in Absenz untersagte der Senat. Da Letzterer sich wieder einmal vor dem starken Mann mit dem großen Heer fürchtete, sandte man Pompeius mit einem Heer aus, um Caesar Einhalt zu gebieten. Als die beiden aufeinandertrafen, forderte Pompeius von Caesar die Auflösung seines Heeres – und Caesar forderte dasselbe von Pompeius. Der Rest ist Geschichte: Caesar befand, der Würfel sei gefallen, und überschritt mit seinen Legionen den kleinen Grenzfluss Rubikon. Der daraufhin ausbrechende Bürgerkrieg dauerte vier Jahre, wurde in Gallien, Spanien und Nordafrika ausgefochten und kostete Pompeius das Leben, als er in Ägypten von Höflingen ermordet wurde. Caesar hatte einen überwältigenden Sieg davongetragen,

Das *Atrium Vestae,* ☞ Haus der Vestalinnen, am Forum Romanum. Es befindet sich in direkter Nachbarschaft zum ☞ Tempel der Vesta.

CAESAR PRIVAT Dass Caesar am Beginn seiner Karriere ein Haus in der Subura bewohnte, wurde bereits erwähnt. Als er 63 v. Chr. zum *pontifex maximus,* zum Oberpriester, gewählt wurde, bezog er die zu diesem Amt gehörende Domus publica, in der er dann bis an sein Lebensende wohnte. Sie wurde später in den Gebäudekomplex des ☞ Vesta-Tempels und des ☞ Hauses der Vestalinnen auf dem ☞ Forum Romanum integriert, lag jedoch zu Caesars Zeit gegenüber dem Tempel des Jupiter Stator. Caesar besaß mit den Horti Caesaris jedoch weitere Anwesen in Rom. Eine dieser Gartenanlagen mit Wohngebäuden befand sich in ☞ Trastevere, wobei Archäologen über die exakte geografische Zuordnung unsicher sind. Es könnte sich um die ☞ Casa della Farnesina handeln, die Ausgrabung unter der ☞ Villa Farnesina. Die Gärten Caesars könnten sich aber auch über einen großen Teil der heutigen ☞ Villa Sciarra bis hinunter zur ☞ Porta Portese erstreckt haben. Jedenfalls befand sich die Anlage außerhalb der Stadtmauer, sodass Caesar Kleopatra und ihren gemeinsamen Sohn hier unterbringen konnte, da innerhalb der Stadtmauer fremde Staatsoberhäupter nicht geduldet wurden. Caesar hinterließ diese Gärten der Stadt und ihren Bewohnern. Genaueres weiß man über die andere Gartenanlage Caesars: Sie deckt sich im Wesentlichen mit den Horti Sallustiani, die sich auf einem weitläufigen Areal zwischen heutiger ☞ Via Veneto, Corso d'Italia, Via Lucania und Via XX Settembre erstreckten und damit dem ☞ Rione Sallustiano entsprechen. Caesar erwarb dieses direkt außerhalb der Servianischen Mauer gelegene Stück Land, vererbte es aber aller Wahrscheinlichkeit nach seinem Freund, dem Historiker Sallust, der es später prächtig ausbaute. In der Mitte der ☞ Piazza Sallustio sieht man ein gutes Stück unter Straßenniveau Gebäudeteile aus der Zeit Sallusts, die – zum Leidwesen von Archäologen und Denkmalschützern – zu einem Kongresszentrum der italienischen Handelskammer umfunktioniert wurden.

die Republik war faktisch am Ende, die Folge nur logisch: Caesar ließ sich zum *dictator* ausrufen, entgegen festgeschriebener Gesetze zuerst für zehn Jahre, danach als *dictator perpetuus* auf Lebenszeit.

Caesars Pläne für die kommenden Jahre waren nichts weniger als grandios: Er begann seine umfangreiche Arbeit an neuen Gesetzestexten, den *leges Iuliae,* mit denen er die Republik fundamental zu reformieren gedachte. Dazu kamen geradezu megalomanische Bauvorhaben auf dem Campus Martius, aber auch am Forum. Aus Ägypten, wo man Caesar zu dessen Missfallen den Kopf des Pompeius überreicht und er sich bekanntermaßen in Kleopatra verliebt hatte, brachte er einen neuen Kalender mit, der als Iulianischer Kalender das Jahr in zwölf Monate teilte und eine Schaltjahrregelung hatte.

Wie tragisch die ganze Geschichte – und mit ihr auch jene der Römischen Republik – endete, ist hinlänglich bekannt: Der Senat war mit Caesars Alleinherrscherallüren alles andere als glücklich. Man fürchtete, er wolle sich zum König ausrufen lassen, und um das zu verhindern, schloss sich eine Gruppe von Senatoren zusammen, die den Tod des *dictator* beschloss. Am 15. März 44 v. Chr. wurde der Plan in die Tat umgesetzt. Die Verschwörer, unter ihnen der Caesar nahestehende Marcus Iunius Brutus, erstachen Caesar, der sich im Todeskampf noch die Toga über den Kopf gezogen haben soll, um in Würde zu sterben. Der Mord am *dictator,* so heißt es, sei unmittelbar vor der Heldenstatue seines einstigen Bündnispartners und späteren Gegners Pompeius begangen worden.

Vom Prinzipat zum Verfall

Zum größten Erstaunen des Senats hatte Caesar seinen Großneffen Octavian adoptiert und zu seinem Haupterben ernannt. Octavian, der seinem Gönner postum den Titel Divus Iulius,

CICEROS TOD Cicero war an der Verschwörung gegen Caesar nicht beteiligt, wandte sich jedoch in seinen *14 Philippischen Reden* gegen die Alleinherrschaftstendenzen Marcus Antonius'. Als Cicero sich daraufhin Octavian anschloss, dieser sich jedoch mit Marcus Lepidus und Marcus Antonius verbündete, wurde es eng für Cicero. Sein Ende war besiegelt, als Marcus Antonius gegen den Willen Octavians Proskriptionslisten erstellte, auf denen er ganz oben stand. Cicero versuchte noch zu fliehen, wurde jedoch auf der ☞ Via Appia eingeholt und ermordet. Seinen Leichnam schleifte man durch die Straßen Roms, seine Hände stellte man auf den ☞ Rostra zur Schau.

An der ☞ Via dei Cerchi 87 zwischen ☞ Palatin und ☞ Circus Maximus steht ein auffälliges Gebäude mit konkaver Fassade, auf dessen bekrönendem Sims über den Ochsenaugen die Skulptur einer Hand mit ausgestrecktem Zeigefinger zu sehen ist. Weshalb diese gemeinhin als »Hand Ciceros« bekannt wurde, ist jedoch ein Rätsel.

göttlicher Iulius, verlieh, erwies sich als ausgezeichneter Politiker, gleichermaßen zielstrebig wie kompromissbereit. Aus den abschließenden Machtkämpfen des Zweiten Triumvirats ging er siegreich hervor. Octavius, der 27 v. Chr. den Ehrentitel Augustus – der Erhabene – erhielt, verbrämte seine Alleinherrschaft, die letztlich auf eine dynastische Monarchie zustrebte, mit republikanischen Konturen. Sein vorgebliches Ziel war die *res publica restituta,* die Wiederherstellung der Republik. Dafür überließ er dem Senat scheinbar weiterhin große Macht und behielt – ebenso scheinbar – sämtliche republikanischen Ämter bei. Der Unterschied war, dass der Senat fast alle ihm übertrug. Augustus wurde der Erste unter Gleichen im Senat, ein Tribun, der sich um sein Volk kümmerte (und es auf seine Seite zog, indem er es mit Brot und Spielen versorgte), und Konsul. Da ihm der Senat das *imperium* des Konsuls übertrug und er gleichzeitig die tribunizische Gewalt – *tribunicia potestas* – innehatte, bestimmte Augustus sowohl Innen- wie auch Außenpolitik. Beides bildete auch in folgenden Jahrhunderten die wesentlichen Machtkomponenten des *princeps,* des Ersten im Staate.

Augustus war jedoch nicht nur ein geschickter Politiker innerhalb der Politikerkaste, er wusste auch, wie man Macht nach außen inszeniert. In religiösen Zeremonien etwa trat Augustus als friedenstiftender Heilsbringer auf, als »Vollender der römischen Geschichte«, aber er ließ auch bauen, um sich in Inschriften und Reliefs als Sieger über das Chaos der vergangenen Bürgerkriege zu präsentieren. Seine wesentlichen Bauten waren das noch zu seinen Lebzeiten angelegte ☞ Mausoleum und die ☞ Ara Pacis, der Friedensaltar (beides an der heutigen ☞ Via di Ripetta). Bei diesen beiden Monumenten ließ er außerdem einen Obelisken aufstellen, der als Sonnenuhr diente: Am 23. September, seinem Geburtstag, legte sich der Schatten der Sonnennadel exakt über den Mittelpunkt des Friedensaltars. Damit noch nicht genug, ließ er auch ein neues Forum (☞ Augustusforum) anlegen und einen Tempel errichten, an dessen Stirnseite der Name seines Schwiegersohns, Marcus Agrippa, prangte. Der Architrav der Vorhalle samt Inschrift blieb erhalten, auch wenn der anschließende Rundbau infolge zweier Brände bereits der dritte ist: das ☞ Pantheon auf der ☞ Piazza della Rotonda.

Neben all den anderen Vollmachten, die sich Augustus übertragen ließ, zeigt eine besonders gut, wie sehr sich der *princeps* als treusorgender *Pater familias* inszenierte: 19 v. Chr. übernahm er die *cura morum,* die Sittenaufsicht. Bereits im Jahr darauf ließ er mit den *leges Iuliae* unter anderem die Strafen für Ehebruch, Unzucht und Kuppelei drastisch verschärfen. Vor dem Hintergrund dieser Sittenaufsicht wurde der Dichter Ovid wohl seiner frivolen Verse wegen ans Schwarze Meer verbannt.

Dass diese Machtfülle natürlich zur autoritären Alleinherrschaft verführte, zeigte sich an einigen der auf Augustus folgenden Herrscher. Caligula und Nero sind die beiden Namen, die sich in diesem Zusammenhang aufdrängen. Caligula, dem seine eigenen Leibwächter, die Prätorianergarde, zum tödlichen Verhängnis wurden, ging nicht nur durch seinen autokratischen Regierungsstil in die Geschichte in, sondern auch durch seine exzessive Kunstliebhaberei. Sie mündete in den letztlich glücklosen Versuch, die Zeus-Statue des Phidias aus Olympia nach Rom zu transferieren.

Ein außergewöhnliches Erlebnis in dieser außergewöhnlichen Stadt: ein Besuch des ☞ Museo dell'Ara Pacis an der Via di Ripetta.

Ganz anders Caligulas Nachfolger Claudius: Er hatte ein Faible für die Rechtsprechung, führte, sooft er konnte, bei öffentlichen Prozessen selbst den Vorsitz und gab manchmal bis zu zwanzig Verordnungen am Tag heraus.

Ein leidenschaftlicher Hang zu Kunst und Darstellung zeichnete Nero, den letzten Kaiser aus der iulisch-claudischen Dynastie, ebenso aus wie sein Terrorregime über den römischen Adel. Dabei galten die ersten Jahre seiner Regentschaft als besonders gelungen, sodass sie sogar einen Namen bekamen: *quinquennium Neronis* – das glückliche Jahrfünft des Nero. Zum historischen Allgemeingut jedoch wurden der Brand Roms, der an die 10.000 Mietshäuser und ganze Stadtviertel zerstört haben dürfte, der Freigelassene Sporus, den Nero in einer offiziellen Zeremonie zu seiner Ehefrau gemacht hatte, sowie sein Selbstmord im Jahr 68.

Furor principum, Fürsten- oder, geläufiger, Cäsarenwahn nannte der römische Senator, Politiker und Geschichtsschreiber Tacitus diese Mischung aus Größenwahn und Paranoia. Den Mann, der das Machtvakuum nach Nero füllte, plagte diese psychische Verfassung nicht: Flavius Vespasianus, dessen Sohn Titus die Herrschaft nach seinem Vater übernahm und seinen endgültigen Sieg in Judäa im ☞ Titusbogen auf dem Forum Romanum verewigen ließ. Der Kategorie »Cäsarenwahn« sehr wohl zuzurechnen waren jedoch Vespasians zweiter Sohn Domitian – ein exzessiver Bauherr, der neben vielem anderen Cäsars altes Stadion monumental ausbauen ließ, woran die Form der ☞ Piazza Navona noch heute erinnert –, ganz sicher auch Marc Aurels Sohn und Nachfolger Commodus und schließlich Caracalla. Letzterer ging vor allem aus zwei Gründen in die Geschichte ein: Zum einen ließ er die nach ihm benannten ☞ Thermen errichten, zum anderen erließ er 212 die *Constitutio Antoniniana,* eine Verordnung, mit der sämtliche freien Bewohner des Römischen Reiches automatisch auch das römische Bürgerrecht erhielten.

SENECA UND DIE PISONISCHE VERSCHWÖRUNG Er ging als Philosoph und Dichter in die Geschichte ein, war viele Jahre lang jedoch vor allem ein hervorragender Jurist. Seneca, geboren um die Zeitenwende, stammte aus dem hispanischen Corduba (Córdoba). Der zeitlebens an Asthma leidende Mann machte sich in Rom früh einen guten Namen, begann den *cursus honorum* und war Senatsmitglied, als Caligula *princeps* wurde. Vier Jahre später, unter Claudius, fiel Seneca einer Intrige Messalinas, der Ehefrau Claudius', zum Opfer und entkam nur knapp einem Todesurteil. Dank der Fürsprache Claudius' wurde mit der *relegatio* die mildeste Form des Exils über ihn verhängt: Seneca durfte sein Vermögen ebenso behalten wie seine Bürgerrechte, musste Rom jedoch verlassen und sich nach Korsika einschiffen. Acht Jahre später holte ihn Claudius, der mittlerweile seine blutjunge Nichte Agrippina geheiratet und deren Sohn aus erster Ehe adoptiert hatte, zurück. Die junge Agrippina wünschte sich Seneca als Lehrer ihres kleinen Lucius, für den sie große Pläne hegte. Die Pläne gingen auf, und aus Lucius wurde Nero. Seneca überstand die heiklen Situationen, in die er im Dunstkreis der Macht des Prinzipats immer wieder geriet – die Auseinandersetzungen zwischen Nero und Agrippina, Neros Mord an seinem Bruder Britannicus und später an seiner Mutter –, geriet letzten Endes aber in eine Verschwörung, an der er wahrscheinlich nicht einmal beteiligt war. Eine Gruppe von Senatoren wollte Nero töten, da er ihrer Ansicht nach den *mos maiorum,* die traditionellen Werte Roms, mit Füßen trat. Statt Nero wollte man den Senator Gaius Calpurnius Piso inthronisieren. Die Verschwörung scheiterte an der Indiskretion ihrer Initiatoren, die Entdeckung der Beteiligten beruhte auf unter Folter erzwungenen Geständnissen. Dass auch Senecas Name fiel, hing mit einer Welle an Denunziationen zusammen, die Neros Furor ausgelöst hatte. Ob Seneca tatsächlich an der Verschwörung beteiligt war, wird noch heute diskutiert. Sicher ist, dass dieser, der sich aufgrund seiner schwachen Gesundheit ein Leben lang mit dem Tod auseinandergesetzt hatte, der Aufforderung zur Selbsttötung nachkam und im Jahr 65 außerhalb der Stadtmauern Roms in seiner Villa starb.

Um 200 litt das Römische Reich unter einer veritablen Wirtschaftskrise. Die zahlreichen Kriege hatten die Staatskasse geleert, und um diese wieder zu füllen, wurden einerseits die Steuern empfindlich erhöht und wurde andererseits die Reinheit der offiziellen Silbermünzen, des Denars, verringert. Das zog eine massive Inflation nach sich und vergrößerte die Kluft zwischen Reichen und Armen. Die Reichen zogen weg aus der Stadt, die Armen blieben zurück und mehr oder weniger sich selbst überlassen. Gleichzeitig herrschte ein eklatanter Arbeits-

Mit seinen *Vedute di Roma,* die der Venezianer Giovanni Battista Piranesi im Laufe des 18. Jh. schuf und in seinem exklusiven Geschäft an der ☞ Via del Corso verkaufte, prägte er das Bild Roms für Generationen. Oben der ☞ Konstantinbogen (1771) neben dem Kolosseum.

kräftemangel: Es wurden keine neuen Eroberungszüge unternommen, weshalb auch keine Sklaven mehr nach Rom gebracht wurden, die bis zu einem Viertel der arbeitenden Bevölkerung ausgemacht hatten. Die enorme Größe des Römischen Reiches und die damit verbundenen notwendigen Ausgaben für Verwaltung und Militär, die angesichts der Finanzkrise kaum zu bewältigen waren, hatten einen nicht zu unterschätzenden Einfluss auf die innere Stabilität. Gefährdet wurde diese außerdem durch immer wieder aufflammende Rebellionen in den Kolonien, die kaum in den Griff zu bekommen waren. Als dann im 4. Jh. die Hunnen aus der Mongolei Richtung Europa zogen und die Germanen vor ihnen über die Alpen flohen, begann der unvermeidliche Auflösungsprozess des einstmals so stolzen Römischen Reiches.

Doch das Reich war ja längst nicht mehr ein Reich, sondern bereits seit 395, dem Todesjahr Kaiser Theodosius' I., zwischen dessen beiden Söhnen Arcadius und Honorius aufgeteilt. Theodosius wollte das Reich durch das geteilte Erbe eigentlich retten, da er davon ausging, dass das riesige Imperium von zwei Herrschern effizienter regiert werden könne. Doch wie sich zeigte, waren die Brüder einander nicht besonders wohlgesonnen, was zu einer zunehmenden Distanzierung zwischen Ost- und Westrom, sowohl in wirtschaftlicher als auch in militärischer Hinsicht, führte. Letztlich wurde Ostrom mächtiger und reicher, Westrom jedoch immer ärmer und verletzlicher. Das Ende kam 476, als der germanische Offizier Odoaker den letzten weströmischen Kaiser Romulus Augustulus absetzte.

DAS KOLOSSEUM Das monumentale Bauwerk, das vor allem »im Profil« mit den abgebrochenen beiden oberen Geschossen die Ikone Roms ist, wurde unter dem Flavier Vespasian, der die Macht in einem blutigen Bürgerkrieg nach der Ära Neros errungen hatte, errichtet. In einer Art Rachefeldzug ließ Vespasian Teile der riesigen Palastanlage Neros, der Domus Aurea, schleifen und darauf das ☞ Kolosseum errichten. Finanziert wurde der Bau durch die Beute, die Vespasian im Jüdischen Krieg gemacht hatte. Die Außenmauern des architektonischen Meisterwerks wurden aus römischem Travertin gestaltet, dahinter und im Inneren jedoch wurde mit Ziegeln und Tuff gebaut. Als das Kolosseum im Jahr 80 fertiggestellt war, wurde es mit hunderttägigen Spielen eröffnet – Gladiatorenkämpfe, Tierhetzen, nachgestellte Seeschlachten und vieles mehr, das von rund 50.000 Zuschauern bejubelt wurde. Seit der Mitte des 6. Jh. begann der Verfall des Kolosseums, bis es in der Renaissance und in der Barockzeit als eine Art Steinbruch für die Baulust der herrschenden Familien Roms herhalten musste (ein Grund, warum nur die nördliche Hälfte der Fassade erhalten ist). Den Namen trägt das Bauwerk übrigens wahrscheinlich erst seit dem 8. Jh., zuvor hieß es Amphitheatrum Flavium. Die Sichtachse, die sich über die ☞ Via dei Fori Imperiali entfaltet, stammt aus der Zeit Mussolinis, der die damals sogenannte Via dell'Impero von der ☞ Piazza Venezia zum Kolosseum quer über die Ausgrabungen des ☞ Forum Romanum anlegen ließ. Seit 1964 findet im Kolosseum an jedem Karfreitag ein Kreuzweg mit dem Papst statt. Und seit 1999 ist es ein Monument gegen die Todesstrafe: Immer, wenn irgendwo auf der Welt ein Todesurteil ausgesetzt wird, erstrahlt der Monumentalbau 48 Stunden lang in bunten Farben. Welchen Eindruck das Kolosseum zu allen Zeiten gemacht hat, kann man am berühmten Zitat des angelsächsischen Benediktinermönchs Beda Venerabilis ablesen: *Dum colosseum stabit, Roma stabit, dum Roma stabit, mundus stabit* – »Solange das Kolosseum besteht, wird Rom bestehen, solange Rom besteht, besteht die Welt.«

Im 6. Buch der *Aeneis* beschrieb Vergil ein Gespräch zwischen Aeneas und dessen Vater, in dem ihm Letzterer prophezeite, dass andere Völker Macht und Ruhm durch Wissenschaften und Künste erlangen würden. Rom hingegen werde die Welt durch die Weisheit seiner Gesetze regieren: »Du aber, Römer, bedenke, dass du mit deiner Macht die Völker lenken sollst! ...

Und in den Frieden sollst du Gesittung pflanzen, schonen die Unterlegenen und die Anmaßenden mit Krieg überziehen.« Oben das ☞ Trajansforum, angelegt von Trajan, der ob seiner klugen Staatsführung und seiner weisen Gesetze bereits zu Lebzeiten als *optimus princeps,* als bester römischer Princeps, bezeichnet wurde.

2MUCH

BISCHÖFE UND KARDINÄLE, SCHÖNE FRAUEN UND BERÜHMTE FAMILIEN

Das Rom der Päpste

Das zweite Leben Roms, jenes, das auf die antike Blüte und deren Niedergang folgte, hat sein Fundament in der Ära des Patriziats. Die Apostel Petrus und Paulus sollen, so die Kirchenlehrer, als Märtyrer in Rom zu Tode gekommen sein. Das muss um das Jahr 65 gewesen sein, also zu jener Zeit, als Nero Kaiser war. Der große Brand Roms, der bekanntlich der jungen Sekte der Christen in die Schuhe geschoben wurde, legte die Stadt im Jahr 64 in Schutt und Asche. Für die Zeit danach werden Pogrome und eine Reihe vollstreckter Todesurteile vermutet. Paulus soll, so die Überlieferung, als römischem Bürger ein ordnungsgemäßer Prozess gemacht worden sein, wonach er mit dem Schwert hingerichtet und in einer Nekropole an der Via Ostiensis bestattet wurde. Petrus dagegen soll gekreuzigt und danach auf dem Mons Vaticanus am rechten Tiberufer begraben worden sein.

Ob diese Legenden eine Spur stichhaltiger Fakten beinhalten, bleibt fraglich. Sicher ist, dass an beiden vermuteten Grabstellen die größten Kirchen der neuen, enorm wachsenden Kirchengemeinschaft errichtet wurden: an Paulus' Grab ☞ S. Paolo fuori le mura, die größte noch bestehende Kirche aus der Spätantike, und an der Grabstelle Petrus' natürlich San Pietro, der ☞ Petersdom, und damit der Welt berühmtester Kirchenbau. Stifter beider Gotteshäuser (und einer Reihe anderer, nicht minder bedeutender römischer Kirchen) soll Kaiser Konstantin I. gewesen und die Architektur (vor allem von San Paolo) der ☞ Basilica Ulpia nachempfunden

Römische Veduten Wo immer man sich in Rom befindet: Kaum erklimmt man einen der Hügel, rückt die Kuppel von St. Peter in den Fokus – hier allerdings von der Engelsbrücke aus gesehen.

sein, dem riesigen Gerichts- und Marktgebäude auf dem ☞ Trajansforum. Konstantin I., schwer fassbar und in der Historiografie umstritten, machte das damals vergleichsweise junge Christentum zur favorisierten Religion im Staatsgefüge. Doch Konstantins Thron stand in Byzanz, und auch andere Städte rund um das Mittelmeer meldeten ihren Anspruch darauf an, glanzvolles Zentrum der Christenheit zu werden: Antiochia, Jerusalem, Alexandria und Byzanz selbst – allesamt Stätten mit damals bereits langer christlicher Tradition.

Warum also gerade Rom, das sich Mitte des ersten Jahrtausends noch dazu in einem erbärmlichen Zustand befand? Im Jahr 396 war das Reich in zwei Hälften geteilt worden, 410 zogen die Westgoten plündernd durch Italien und in Rom ein, ein knappes halbes Jahrhundert später folgten ihnen die Vandalen. Der letzte weströmische Kaiser Romulus Augustulus wurde 476 abgesetzt, auf ihn folgte der ostgotische König Theoderich, der zumindest etwas Stabilität brachte. Das fand auch in Rom seinen Niederschlag, wo wieder gebaut wurde und sich von Theoderich eingesetzte *magistri officiorum* um die öffentliche Ordnung kümmerten. Römische Juristen mit profundem Wissen über die traditionellen Gesetze und Regeln wurden

---

FRAGMENTE Nachdem Konstantin I. seinen weströmischen Rivalen Maxentius an der ☞ Milvischen Brücke (am nördlichen Ende der Via Flaminia) besiegt hatte, ließ er in der ☞ Maxentiusbasilika am Forum Romanum eine Kolossalstatue seiner selbst anfertigen. Zwölf Meter hoch soll das monumentale, sitzende Marmorabbild gewesen sein. Mit der Zeit verfiel die Statue, bis die erhaltenen Teile im 15. Jh. zufällig entdeckt wurden. Heute kann man über den Fragmenten der Statue – der 3 m hohe Kopf, zwei mächtige Füße, Teile der Arme, der Beine und der Brust sowie eine Hand –, die in den ☞ Kapitolinischen Museen ausgestellt sind, über Selbstdarstellung und Vergänglichkeit nachdenken.

Im ☞ Apostolischen Palast, in der ☞ Sala di Costantino (einer der ☞ Stanzen des Raffael), findet sich dieses Fresko von Giulio Romano, einem Schüler Raffaels. *La Battaglia di Ponte Milvio, die Schlacht an der Milvischen Brücke,* repräsentiert den Sieg des Christentums über die Heiden: Der strahlende Held auf dem Schimmel, Kaiser Konstantin, reitet unter dem Zeichen des Kreuzes, während der heidnische Maxentius – rechts unten auf dem Pferd – im Tiber umkommt.

beauftragt, das *Edictum Theoderici* zu verfassen, eine Sammlung von insgesamt 154 Rechtsvorschriften, die im Wesentlichen auf dem römischen Recht basierten.

Das endgültige Ende des antiken Rom markiert schließlich Kaiser Justinian I., der die labile Thronnachfolge Theoderichs zum Anlass nahm, West- und Ostrom wieder zu vereinen. Die Folge war ein verwüstetes Italien – das Opfer oströmischer Kriegszüge gegen gotische Heerführer. Die Landwirtschaft war vernichtet, einst blühende Städte lagen in Trümmern. In Rom – einst *caput mundi,* das Haupt der Welt – erlosch das antike Erbe. Vielsagende Beispiele dafür sind die Zerstörung der überlebensnotwendigen Wasserleitungen und der Untergang des ordnenden, verwaltenden Senats, der Ende des 6. Jh. ganz aus den Quellen verschwand. Formell war Rom nun Teil des Oströmischen Reichs und wurde nach Justinians Gesetzessammlung *Corpus iuris civilis* verwaltet. Doch der Exarch, der Statthalter, residierte in Ravenna und nicht in Rom, das sich selbst überlassen blieb.

In dieser Situation fiel es den Nachfolgern Petri, den Bischöfen von Rom – mithin den Päpsten – zu, die Aufgaben eines Landesfürsten zu übernehmen und sich um Ordnung in ihrer Stadt und um die Versorgung ihrer Bewohner zu kümmern. Sehr viele davon gab es nicht mehr. Um 530 hatten noch an die 100.000 Menschen in Rom gelebt, um 600 waren es noch etwa 30.000, und in den folgenden Jahrzehnten reduzierte sich die Bevölkerungsanzahl nochmals um fast die Hälfte. Die Weltstadt war zum Dorf geschrumpft – oder besser noch: zu mehreren Dörfern innerhalb der längst nutzlosen Aurelianischen Stadtmauer. Manche Gegenden wie das ☞ Forum Romanum, das ☞ Kapitol, die Gegend um das ☞ Kolosseum verwaisten, wurden zu Feldern und Tierweiden oder auch zu Vierteln, in denen man seines Lebens nicht sicher war. Stattdessen wohnten die letzten Römer nun eng am ☞ Campo Marzio, in ☞ Trastevere und im ☞ Borgo, der sich zwischen Tiber und San Pietro erstreckte.

Im 8. Jh. kam wieder Bewegung in die Geschichte der Stadt. Die Päpste hatten sich in die Aufgaben eines Fürsten über Rom und sein Umland gefügt und waren durch Schenkungen zu mächtigen Grundbesitzern geworden. Rom hatte sich neben Jerusalem zu einem der wichtigsten Wallfahrtsorte des Christentums entwickelt, und als sich mit dem fränkischen Königshaus eine neue stabile Macht im Westen abzeichnete, sah der Papst den Zeitpunkt gekommen, sich von Ostrom zu lösen, den Schutz der katholischen Karolinger zu suchen und ansonsten kraft der Macht des Glaubens und seines ansehnlichen irdischen Besitzes auf eigenen Beinen zu stehen.

Es begann eine Art neues Patronatssystem auf hohem Niveau: Für die weltliche Herrschaft wurde die Legitimierung durch die Kirche obligatorisch, wofür diese im Gegenzug politischen und militärischen Schutz verlangte. Der war nötig, denn das zersplitterte Italien barg durchaus Gefahren für Rom. Neue Eliten entwickelten sich, Familien, die große Besitzungen in der *campagna romana* erworben hatten und in der Stadt eine erhebliche Machtstellung einnahmen. Um sich vor den Begehrlichkeiten dieses neuen Adels zu schützen und die noch labile Vormachtstellung nicht zu verlieren, musste sich die Kirche politisch mit den großen Herrscherhäusern des Nordens verbünden. Ein erster wesentlicher Schritt war die Krönung Karls des Großen durch Papst Leo III. am Weihnachtstag des Jahres 800 in der Peterskirche: die Geburtsstunde des Heiligen Römischen Reiches.

SANTI QUATTRO CORONATI Fälschung hin oder her: Kaiser Konstantins angebliche Großzügigkeit gegenüber der römischen Christengemeinde schenkt heutigen Rom-Reisenden ein ganz besonderes Erlebnis. Die ☞ Basilika Santi Quattro Coronati auf dem Celio fiel ebenso wie die nahe Kirche ☞ S. Clemente der normannischen Zerstörung durch Robert Guiscard zum Opfer. Papst Paschalis II. ließ beide Kirchen neu erbauen und erhob SS. Quattro Coronati bis zur Fertigstellung des Lateranpalastes sogar zur päpstlichen Residenz. Papst Innozenz IV. ließ schließlich 1246 die ☞ Kapelle des hl. Silvester einbauen und von byzantinischen Künstlern mit einem Freskenzyklus ausstatten, auf dem die Geschichte der Schenkung detailreich nacherzählt wird. Die Kirche kann man zu den Öffnungszeiten besichtigen. Die Kapelle hat meistens nur am Vormittag geöffnet, allerdings muss man im Vorraum eine Klingel drücken, woraufhin sich ein Fenster hinter einem dicken Gusseisengitter öffnet. Eine Nonne – Santi Quattro Coronati ist die Heimat der kontemplativen Augustiner-Chorfrauen – fragt nach dem Begehr des Besuchers, nimmt dankend eine bescheidene Spende an und öffnet auf Knopfdruck die Tür zur Kapelle. In einem Rom unendlich langer Touristenschlangen ist ein Besuch dieser Kapelle ein exquisites Vergnügen!

An der Stirnwand der Kapelle wurde unter anderem die Schenkung Konstantins an Papst Silvester abgebildet.

Das dunkle Jahrhundert

Dass sich die Päpste nicht nur um das Seelenheil ihrer Lämmchen kümmerten, sondern auch um ihren eigenen Vorteil, überrascht nicht: Wer am glatten Parkett großer Politik mitspielt, behält selten saubere Hände. Die berühmtesten Versuche, die eigenen Pfründen zu sichern, sind wohl die beiden Fälschungen, auf deren Inhalt sich der neue Kirchenstaat gründete. Fast ein ganzes Jahrtausend lang bildete die *Konstantinische Schenkung* dessen Grundlage. Mit der aus zwei Teilen – *Confessio* und *Donatio* – bestehenden Urkunde soll Kaiser Konstantin I. bereits 315 Papst Silvester I. und seinen Nachfolgern die geistliche und weltliche Oberherrschaft über Rom, Italien, ja die gesamte Westhälfte des Römischen Reiches »bis ans Ende der Zeit« übertragen haben. 1433 und nochmals 1440 entlarvten jedoch der Theologe Nikolaus von Kues und der Humanist Lorenzo Valla das Ganze als Fälschung: Beweis dafür war ein sprachlicher Fauxpas, denn in der Schenkung war von Konstantinopel die Rede, obwohl die Stadt am Bosporus zur Zeit Konstantins noch Byzanz oder Nova Roma hieß. Lange Zeit zog sich die Kirche aus der Affäre, indem erklärt wurde, die Urkunde sei von den Griechen gefälscht worden und nicht in Rom, und eine Schenkung Konstantins hätte es ohnedies gegeben. Erst als im 19. Jh. ein weiterer katholischer Gelehrter die Fälschung zweifelsfrei nachwies, lenkte die Kirche ein.

Ob auch die *Pippinsche Schenkung* eine Fälschung war oder nicht, ist noch nicht eindeutig geklärt. Im Jahr 754 jedenfalls soll König Pippin III., der Vater Karls des Großen, dem Papst Rom, das Exarchat Ravenna und weitere Regionen und Städte geschenkt und ihm zudem die von den Langobarden zurückeroberten Gebiete versprochen haben. Eine Fälschung wird von vielen Historikern angenommen, wurde aber, da das Dokument selbst nicht erhalten ist, bislang nicht nachgewiesen.

In einem mittelalterlichen Manuskript findet sich diese anschauliche Darstellung Papst Stefans II., der den deutschen König Pippin krönt.

Dass der Papst die *Konstantinische Schenkung* verwendet hat, um Pippin III. territoriale Zugeständnisse abzuringen, mag plausibel klingen, ist aber ebenfalls nicht gesichert. Man geht eher davon aus, dass die *Konstantinische Schenkung* erst nach 800 entstanden ist.

Bis Kaiser Friedrich II. im Jahr 1213 den Kirchenstaat offiziell anerkannte, durchliefen das Papsttum und mit ihm die Stadt Rom eine Epoche starker Gegensätze, die zwischen Glanz, Provinzialität und erschreckenden Abgründen oszillierte. Die Päpste waren nicht selten Spielball der Mächtigen. Aber sie spielten auch selbst um die Macht – gegen den Kaiser und gegen den römischen Adel, dessen Mitglieder um den Stuhl Petri buhlten. Die Realität menschlicher Unzulänglichkeit machte vor den Nachfolgern des Apostels Petrus, wie sich zeigte, nicht halt. Manche waren integer, viele verhielten sich moralisch zumindest fragwürdig, es gab Päpste und Gegenpäpste, Morde und Diffamierung. Wie weit auf die Quellen Verlass ist, ist wieder eine andere Frage, da die zeitgenössische Geschichtsschreibung, gelinde gesagt, tendenziös war. Wer selbst auf den Stuhl Petri spekulierte oder von einem Aspiranten abhängig war, dürfte gern bereit gewesen sein, die Realität eher als frei gestaltbares Material zu betrachten.

Einen Tiefpunkt in diesem – wie der Kirchenhistoriker Cesare Baronio es Ende des 15. Jh. nannte – *saeculum obscurum,* diesem dunklen Jahrhundert, markiert möglicherweise Papst

Sergius III. (reg. 904–911). Er soll nicht nur seine beiden Vorgänger ermordet haben, sondern gemeinsam mit seiner Geliebten Marozia, einer Tochter des Grafen von Tusculum, wie ein Potentat über Rom und den Kirchenstaat geherrscht haben. Marozia und Sergius sollen einen Sohn gezeugt haben, der als Johannes XI. von seiner Mutter im Jahr 931 zum Papst erhoben wurde. Glück war Marozia, der *senatrix Romanorum,* mit dem eigenen Sohn auf dem Papstthron nicht beschieden. 932 wurde sie von ihrem anderen Sohn Alberich II. in den Kerker der ☞ Engelsburg geworfen. Alberich entfernte gleich auch seinen illegitimen Halbbruder aus dem Papstamt und ersetzte ihn durch von ihm abhängige Päpste, bis er schließlich 955 seinen eigenen Sohn in jugendlichem Alter als Johannes XII. auf den Stuhl Petri hob. Alberich II., der in einem Palast auf dem ☞ Aventin geboren worden war, beendete immerhin die Pornokratie seiner Mutter, schwang sich aber selber zum *princeps ac senator omnium Romanorum,* zum Alleinherrscher Roms, des Papsttums und des Kirchenstaates auf und regierte immerhin über zwei Jahrzehnte. Sein Sohn Johannes XII. krönte 962 mit Otto I. erstmals einen römisch-deutschen König zum Kaiser und ging als Papst mit ausgeprägt kriminellem Talent in die Geschichte ein: Er raubte den Kirchenschatz, floh damit aus Rom, wurde wegen Mordes, Meineids, Blutschande, Tempelschändung und Zutrinken auf den Teufel angeklagt und als erster Papst der Kirchengeschichte abgesetzt. Als er nach Rom zurückkehrte, ließ er zwei seiner Gegner verstümmeln und seinen Gegenpapst für illegitim erklären. 964 starb Johannes XII. angeblich an einem Schlaganfall, den er während eines Ehebruchs erlitt. Nach einer anderen Version hat ihn der Ehemann seiner Geliebten im Zorn aus dem Fenster geworfen.

Die Stadt selbst, der Alltag der Menschen, die in Rom lebten, tritt in dieser Zeit kaum hervor. Rom ist das Spielfeld, auf dem sich die Macht der Adeligen, der Päpste und manchmal der Herrscher aus dem Norden entfaltet. In den mageren Hin-

Der Kreuzgang der Lateranbasilika – eine Oase der Stille.

PLAUTII LATERANI war der Name einer römischen Familie, die auf dem Celio im heutigen ☞ Rione Monti ein großes Grundstück besaß. Da Plautius Lateranus nicht nur ein Geliebter der Messalina, gewesen sein soll, sondern außerdem an der Pisonischen Verschwörung gegen Nero beteiligt war, verlor er Grund und Boden. Im 4. Jh. befand sich hier die Kaserne der *Equites singulares,* der Elitetruppen des Maxentius. Als Kaiser Konstantin diesen Widersacher, der gleichzeitig sein Schwager war, besiegt hatte, ließ er als Geste einer *damnatio memoriae* die Anlage schleifen und stattdessen ein monumentales christliches Gotteshaus errichten: die ☞ Basilika S. Giovanni in Laterano. Bis sich der Vatikan als Papstsitz um 1300 endgültig behauptete, war der Lateran mit seinen Gebäuden die prächtige Kulisse, vor der sich das Papsttum inszenierte. Hier fanden einige Konzile statt und eine wahrhaft schauerliche Synode: 897 ließ Papst Stephan VI. seinen Vorgänger Formosus, der bereits seit Monaten tot war, exhumieren und in einem Schauprozess wegen schwerwiegender Verfehlungen verurteilen und anschließend in den Tiber werfen. Die ganze Angelegenheit war natürlich politisch motiviert und löste einen Aufstand in Rom aus, der damit endete, dass Papst Stephan VI. seinerseits eingekerkert wurde und gewaltsam sein Leben verlor. Heute ist die Lateranbasilika die Bischofskirche des Papstes (der immer gleichzeitig Bischof von Rom ist) und trägt den klangvollen Ehrentitel *Omnium urbis et orbis ecclesiarum mater et caput* – »Mutter und Haupt aller Kirchen der Stadt und des Erdenrunds«.

---

weisen ist von Sarazenenangriffen die Rede, von Erdbeben wie jenem von 897, das die ☞ Lateranbasilika stark beschädigte, und von Tiber-Überschwemmungen. Doch so gut der römische Alltag der antiken Republik und des Prinzipats dokumentiert ist, so wenig weiß man über das römische Leben um die erste Jahrtausendwende.

Die Stadt dürfte in Hoheitsbezirke einzelner Adelsfamilien zerfallen sein, die jeweils bewaffnete Truppen unterhielten. Diese wiederum richteten in den verlassenen Ruinen vereinsamter Stadtteile ihre Quartiere ein. Da die römischen Aquädukte nahezu unbrauchbar geworden waren, strebten die Menschen in die Bezirke nahe dem Tiber. Dort hatten sie zwar Wasser, mussten immer wieder aber auch mit Überschwemmungen rechnen. Doch man half sich selbst und, wenn möglich, einander und war in dieser rechtlosen Zeit schon dankbar, wenn Päpste und Adelige Truppen aufstellten, um die Sarazenen, die den Tiber heraufsegelten, zurückzuschlagen. Und wem es gelang, der zog überhaupt in den ☞ Borgo, das Viertel um San Pietro, das Papst Leo IV., dessen Truppen in der Seeschlacht von Ostia die Sarazenen entscheidend schlugen, mit einer Mauer sichern ließ.

Die römische Kommune

Im 11. Jh. herrschte über Rom und die Christenheit Papst Gregor VII., die »Zuchtrute Gottes«, wie er auch genannt wurde. Gregor, durch Akklamation der Bürger Roms zum Papst erkoren, war ein Kirchenreformer, setzte hohe moralische Maßstäbe auch für hochrangige Kirchenfürsten und definierte mit dem *Dictatus Papae* in 27 Leitsätzen Stellung, Befugnis und Einfluss des Papstes innerhalb der Kirche und des Reichs. Dass sich darüber der berühmte Investiturstreit entzündete, der zu einem heftigen Zerwürfnis mit dem römisch-deutschen König Heinrich IV. aus dem Haus der Salier führte, ist ebenso hinlänglich bekannt wie der Bußgang des Letzteren nach Canossa.

Doch mit der Vergebung des Papstes und der Wiederaufnahme des verlorenen Schäfchens in den Schoß der Kirche war es nicht getan. Ganz im Gegenteil: Die Animositäten zwischen Gregor VII. und Heinrich IV., dazu Gegenkönige und Gegenpäpste sowie wechselseitige Allianzen waren der Zunder für eine explosive Situation, deren Showdown sich auf römischem Boden abspielte. 1084, sieben Jahre nach Canossa, nahm Heinrich IV. Rom ein, inthronisierte seinen Gegenpapst und ließ sich von diesem zum Kaiser krönen, während sich Gregor VII. in der ☞ Engelsburg verschanzte und nach dem Normannenherzog Robert Guiscard sandte. Guiscard, ein Vasall des Papstes, folgte dem Hilferuf, fand Rom vom Kaiser verlassen vor und sah sich einer Rebellion der Römer gegenüber. Der ursprüngliche Plan, Gregor VII. wieder einzusetzen und Rom neuerlich zum Mittelpunkt der Christenheit zu erheben, misslang gründlich. Aber bevor die Normannen mit Gregor VII., der sich seines Lebens in der Stadt nicht mehr sicher fühlte, nach Salerno abzogen, legten sie Rom nach allen Regeln der Kunst in Schutt und Asche. Sie plünderten, mordeten, legten Feuer und zerstörten die letzten noch funktionierenden Reste der antiken Wasserleitungen.

Aus der Erfahrung des Normannensturms, einer Katastrophe ungeahnten Ausmaßes, entwickelte sich langsam jedoch erstmals seit der Antike wieder ein selbstbewusstes römisches Bürgertum, das danach strebte, sich zu emanzipieren. Man orientierte sich an norditalienischen Vorbildern und der eigenen stadtrömischen Vergangenheit. Der Mythos Rom erwachte für alle wieder zum Leben: für die rechtlosen Bürger der Stadt, die von selbstbewusster Eigenständigkeit träumten, für die Herr-

---

LA LINGUA ITALIANA Mit dem Niedergang des Römischen Reiches trennten sich lateinische Schriftsprache und gesprochene Volkssprache immer mehr, wobei sich die Volkssprache in unzählige Dialekte aufsplitterte. Schrift und Sprache versöhnten sich langsam wieder mit der ersten großen Blüte der italienischen Literatur um 1200. Doch nicht die Literatur verhalf dem Italienischen zum Durchbruch, sondern die Notare: In ihren Kanzleien wurde vor allem klösterlicher Grundbesitz zweisprachig notiert: auf Lateinisch und auf Italienisch, womit die Volkssprache zur juristisch formulierten und damit legitimierten Schriftsprache wurde.

scher nördlich der Alpen, die hier das Zentrum der Christenheit sahen, und natürlich für den Papst und auch für den Stadtadel. Doch es waren vor allem die Bürger, die drohten, zwischen den Mächten aufgerieben zu werden. Die Idee, dem Adel und dem Reich die weltliche Macht zu überlassen und dem Papst die religiöse, war gescheitert und hatte zu einem verbissenen politischen Machtkampf geführt, in dem die Bürger Roms bloß Staffage waren.

Gleichzeitig jedoch war das Papsttum für die Römer eine unverzichtbare Einnahmequelle, da die Stadt das wichtigste Pilgerzentrum Europas war. Wie sehr die Christen von Rom träumten, beweist nicht zuletzt ein Reiseführer aus dem Mittelalter: *Mirabilia urbis Romae,* ein anonym verfasster Guide aus der Zeit um 1140, begleitete die Pilger durch eine Stadt zwi-

Eines der mächtigsten mittelalterlichen Bauwerke Roms – Nationaldenkmal seit 1911 – ist die ☞ Torre delle Milizie. Den ursprünglich für die Familie Conti errichteten Turm erwarb Anfang des 13. Jh. Papst Bonifatius VIII. und ließ ihn befestigen, um vor den Mordgelüsten seiner Erzfeinde, der Familie Colonna, geschützt zu sein. Die leichte Schieflage verdankt der Turm im ☞ Rione Monti (☞ Via Quattro Novembre, neben den ☞ Trajansmärkten) einem Erdbeben Mitte des 14. Jh.

RIONE I Der mittelalterliche erste Bezirk Roms, der den *priore dei caporioni* stellte, entspricht dem modernen ☞ Rione Monti. Was heute ein pulsierend urbaner Bezirk ist, war im 13. Jh. ein schwach bevölkertes, geradezu ländliches Areal, das vor allem aus Gärten und Weinbergen bestand. Der Grund dafür lag auch in der normannischen Zerstörung der antiken Wasserleitungen: Je weiter ein Bezirk vom Tiber entfernt lag, desto schwieriger war die Versorgung mit Wasser. Darüber hinaus befand sich das kulturelle Zentrum längst nicht mehr am Forum, sondern zunehmend am rechten Tiberufer, im Vatikan. Dass der Rione I nicht ganz verlassen war, war der ☞ Lateranbasilika und ☞ S. Maria Maggiore auf dem Esquilin zu verdanken. Die beiden Gotteshäuser liegen am Beginn und am Ende der historischen ☞ Via Merulana (benannt nach einer Adelsfamilie, die dieses Territorium besaß), über die zahllose Pilger reisten.

---

schen bewundertem, aber vergangenem antikem Glanz und machtvoll spiritueller Gegenwart.

Im Jahr 1143 war die Geduld der Römer mit der ihnen zugedachten undankbaren Rolle dann am Ende: »Das römische Volk aber erhebt sich zu einem Aufstand. Es stürmt das Kapitol und will die alte Würde Roms wiederherstellen, wobei es den Stand der Senatoren, der über lange Zeit hin nicht mehr existiert hatte, neu begründet.« Otto von Freising, einer der bedeutendsten Chronisten des Mittelalters und ein Spross der Babenberger, beschrieb die Erhebung des römischen Mittelstandes mit bemerkenswert stoischer Ruhe. Notare, Händler, Gewerbetreibende, Bankiers und Handwerker erhoben sich gegen Klerus und Adel, gründeten in einer aufflammenden Begeisterung für die Römische Republik 1144 einen Senat als Judikative und Konservatoren als Exekutive, setzen mit Giordano Pierleoni einen *patricius* an die Spitze der Kommune und schufen sich mit dem ☞ Kapitol und der Kirche ☞ S. Maria in Aracoeli eine stolze Residenz.

Die Auseinandersetzungen im Zuge dieser bürgerlichen Revolte waren blutig. Man zog sogar gegen Papst Lucius II. in ein bewaffnetes Scharmützel, in dessen Verlauf das Kirchenoberhaupt so schwer verwundet wurde, dass es kurze Zeit später in ☞ SS. Andrea e Gregorio al Monte Celio starb. Als 1145 ein neuer Papst gewählt wurde, erkannte der die Kommune immerhin an, wenn auch dezidiert unter seiner Oberhoheit.

Ein durchaus interessantes Detail innerhalb dieser Rebellion samt nachfolgender Konstitution einer Kommunalregierung: Man besann sich zunehmend auf das klassische römische Recht, das nun wieder als Grundlage für rechtliche Entscheidungen über die Bürger diente und die kirchliche Gerichtsbarkeit auf kommunaler Ebene ersetzte. Klare Grenzen zum Recht der Kirche waren trotzdem unmöglich zu ziehen, denn die Richter und Advokaten, die fortan das Rechtspersonal der Kommune stellten, stammten zumeist aus der päpstlichen Verwaltung, wo sie untergeordnete Positionen innehatten. Als kompetente *illustres urbis iudices* unterstützten sie mit ihrem Wissen den Senat, der sich in seinem Wirken auf die Antike berief, praktisch jedoch mit Hilfe des päpstlichen Personals arbeitete.

Rom war ein begehrtes Gut, um das Päpste, Gegenpäpste, römisch-deutsche Könige, mächtige Adelige und die Kommune der Stadt rangen. Friedrich Barbarossa beispielsweise versetzte der römischen Stadtregierung im Jahr 1155 einen herben Rückschlag. Man hatte dem Staufer die Kaiserkrone aus der Hand des römischen Volkes angeboten, was der präsumtive Kaiser jedoch ablehnte. Die Folge waren Straßenkämpfe an der ☞ Engelsbrücke und in ☞ Trastevere, aus denen die kaiserlichen Soldaten aus dem Norden trotz der Gluthitze eines römischen Junitages siegreich hervorgingen.

Der römische Mittelstand konnte sich an der Spitze der Stadt nicht halten. Der 56-köpfige Senat löste sich unter dem Druck des Papstes nach und nach wieder auf, bis er zu einem Summus-Senator reduziert war, dem lediglich noch repräsentative Aufgaben zukamen. Es war ein Amt, das der Papst nach Belieben verlieh, manchmal sogar an völlig Fremde, um sie höchst päpstlich zu belohnen. Statt des bürgerlichen Senats übernahmen römische Adelsclans die Führung der Stadt, eine

PALAZZO DEI CONSERVATORI
Im Mittelalter errichtete man über dem alten Tempel des Jupiter Maximus Capitolinus einen ersten Palazzo für den *Magistrato Romano.* Hier gingen die Konservatoren ihren Geschäften nach, hier hatte die stadtrömische Justiz ihren Sitz. Als die Päpste nach dem langen avignonesischen Intermezzo nach Rom zurückkehrten, sich gegen den Stadtadel behaupteten und die Macht in Rom übernahmen, beauftragten sie im Jahr 1537 Michelangelo Buonarroti mit der Neugestaltung der gesamten ☞ Piazza del Campidoglio, des Kapitolsplatzes. Das beeindruckende Ensemble aus ☞ Senatorenpalast, ☞ Konservatorenpalast und ☞ Palazzo Nuovo erreicht man über die ☞ Cordonata, eine Freitreppe, die ebenfalls Michelangelo entwarf. Im Palazzo dei Conservatori (rechts der Treppe, wenn man hinaufgeht) und im Palazzo Nuovo (links der Treppe) sind die ☞ Kapitolinischen Museen untergebracht, im Palazzo dei Senatori die römische Stadtregierung. In direkter Nachbarschaft befindet sich die Kirche ☞ S. Maria in Aracoeli, die über eine eigene steile Treppe erreichbar ist. Wer die Kirche besucht und danach auf den Campidoglio möchte, muss nicht hinunter und wieder hinauf: Rechts vom Hauptschiff der Kirche gibt es einen kleinen Seitenausgang, der den Besucher direkt auf den Kapitolsplatz entlässt.

Der ☞ Palazzo dei Conservatori (rechts) im milden Licht eines römischen Abends. In seinen Räumen unterzeichneten am 25. März 1957 Vertreter der BRD, Italiens, Frankreichs, Luxemburgs, der Niederlande und Belgiens die *Römischen Verträge,* die Wurzel der Europäischen Union.

Praxis, die nur um 1250 unterbrochen wurde, als sich der aus Bologna stammende Brancaleone degli Andalò an die Spitze der Kommune setzte. Seine Herrschaft blieb jedoch ein Intermezzo, und kurze Zeit später hatten die Baronalfamilien wieder das Sagen.

Auch sie regierten vom Kapitol aus, und zwar als *Conservatori del popolo romano,* Konservatoren von Rom. Die nach ihrem Sitz auch *Camera Capitolina* genannten drei Magistrate verwalteten die Stadt seit 1223 in erster Linie hinsichtlich wirtschaftlicher Belange. Die Amtsdauer war erstaunlich kurz und umfasste lediglich drei Monate, die allerdings sukzessive auf bis zu einem Jahr verlängert werden konnte. An der Seite der Konservatoren stand der Prior der *caporioni:* Jeder *rione,* Bezirk, hatte seinen Bezirkschef, den *caporione.* Dieser war, gemeinsam mit Bürgern seines Vertrauens, für die Ordnung in seinem jeweiligen Bezirk zuständig. Eine Sonderstellung kam dem *caporione* des Rione I zu, der als Leiter aller *caporioni* gemeinsam mit den drei Konservatoren den *Magistrato Romano* bildete. Gemeinsam waren sie für die Erhaltung der urbanen Infrastruktur zuständig, aber auch dafür, die Ordnung der Stadt aufrechtzuerhalten – zum Beispiel während des römischen Karnevals, an dem sie schon von Amts wegen teilnehmen mussten. Darüber hinaus standen sie dem Konservatorengericht vor, das in Wirtschafts- und Verwaltungsstreitigkeiten entschied und Verordnungen erlassen durfte. Weder diese vier Beamten noch jene, die ihnen unterstanden – darunter ein Schatzmeister, ein Rechtsanwalt und ein

---

RÖMISCHE KURIE ist seit dem 11. Jh. der Überbegriff für sämtliche Leitungs- und Verwaltungsorgane des Heiligen Stuhls. Der Begriff Kurie wurde – wie auch jener der Basilika – aus dem antiken Rom übernommen, wo *curia* ein offizielles Versammlungsgebäude bezeichnete. Wie die wechselhafte Geschichte des Kirchenstaates war auch die Kurie zahlreichen Veränderungen unterworfen. Im Prinzip wurde sie nach dem Modell eines Königshofes eingerichtet und mit der Zeit dem anwachsenden Herrschaftsapparat rund um den Papst angepasst. Früh wurde das Papstwahlrecht durch Kardinäle definiert, später kam die *camera secreta* als Vorläufer des Staatssekretariats dazu, bis Papst Sixtus V. schließlich mit der *Immensa Aeterni Dei* 1588 eine einheitliche Organisationsform schuf, die nach und nach den Erfordernissen der Zeit angepasst werden konnte. So vollzog Papst Pius X. mit *Sapienti consilio* 1908 eine strikte Trennung zwischen Verwaltung und Gerichten und Papst Paul VI. 1967 mit *Regimini ecclesiae universae* eine umfassende Kurienreform. Die einzelnen, nach Sachgebieten differenzierten Verwaltungsorgane im Vatikan werden heute als Dikasterien bezeichnet und sind die Nachfolger der Kongregationen, deren erste das *Sanctum Officium,* die Inquisition, war. Eine Reihe von Behörden haben ihren Sitz nicht im Vatikan, sondern exterritorial in Palästen im Stadtzentrum Roms – zum Beispiel der ☞ Palazzo di Propaganda Fide (Dikasterium für die Evangelisierung) an der ☞ Piazza di Spagna – oder knapp außerhalb der Grenzen des Vatikans, wie die großen Verwaltungsbauten an der ☞ Piazza Papa Pio XII.

Notar –, wurden gewählt, sondern ernannt. Die Ämter waren begehrt, denn die Entschädigungen waren großzügig und nach der Amtszeit winkten soziales Ansehen und eine ansehnliche Karriere in der Kurie. Dass der stadtrömische Adel absolut kein Interesse hatte, den *Magistrato Romano* mit dem bürgerlichen Mittelstand zu teilen, versteht sich von selbst.

Bevor die Päpste 1309 ihr Exil im französischen Avignon antraten, dürften in Rom wieder um die 50.000 Menschen gelebt haben. Dazu kamen zahllose Pilger, Geistliche aus aller Herren Länder und Glücksritter. Sie alle brachten Geld – übernachteten in Rom, nahmen Mahlzeiten ein, kauften ein, ließen Pferde neu beschlagen oder einen Sattel reparieren. Das mittelalterliche Rom war vorerst auch ohne Papst eine lebendige Stadt. Ihre Versorgung war gut organisiert. Viehherden wurden aus dem näheren Umland nach Rom getrieben und am ☞ Trajansforum geschlachtet und verkauft. Vieles andere verdankte sich dem Tiber: Getreidelieferungen kamen übers Meer, wurden in Civitavecchia umgeladen und ebenso wie Fische und Meeresfrüchte auf flusstüchtigen Schiffen nach Rom gebracht, wo sie am Hafen von Ripa grande, dem großen Ufer, bei der ☞ Porta Portese an die Markthändler verteilt wurden. Der frische Fang aus dem Meer wurde am Fischmarkt bei der Kirche ☞ Sant'Angelo in Pescheria direkt am ☞ Portico d'Ottavia verkauft.

Am 20. Mai 1347 machte sich an eben diesem Fischmarkt ein römischer Notar an der Spitze unzufriedener römischer Bürger auf den Weg zum Kapitol, um der Misswirtschaft des Magistrats ein Ende zu bereiten. Die Adeligen, so hatte der Notar entdeckt, hatten die Stadt nicht verwaltet, sondern in einen finanzmaroden Zustand manövriert. Zeit also, den Adel aus seinen Ämtern zu verjagen und sich selbst als Volkstribun an die Spitze der Römer zu setzen, um Rom fortan nach den Prinzipien der glorreichen antiken Republik zu regieren.

Nicola di Lorenzo, Sohn einer Wäscherin und eines Gastwirtes und im römischen Dialekt Cola di Rienzo genannt, hat-

Leidenschaftlicher Volkstribun mit tragischem Ende: Cola di Rienzo, der auszog, den Bürgern Roms ihren Stolz und ihre Unabhängigkeit zurückzugeben, und letzten Endes am eigenen Cäsarenwahn scheiterte. Sein Denkmal steht, von den meisten unbeachtet, auf dem Wiesenhang neben der ☞ Cordonata, der Treppe zur Piazza del Campidoglio. Beim Wohnhaus des glücklosen Politikers dürfte es sich um die ☞ Casa dei Crescenzi an der Ecke von Via di Ponte Rotto und Via Luigi Petroselli in direkter Nachbarschaft zum ☞ Foro Boario, dem antiken Viehmarkt, handeln. In der ☞ Via di San Bartolomeo dei Vaccinari 87 erinnert eine Gedenktafel daran, dass hier das Geburtshaus Cola di Rienzos stand.

te trotz seines einfachen Elternhauses eine gute Ausbildung genossen. Er beherrschte das Lateinische, war in der Jurisprudenz versiert, heiratete die Tochter eines Notars und ergriff diesen Beruf auch selbst. Gleichzeitig begann er sich politisch zu engagieren und war 1343 Mitglied jener Delegation, die nach Avignon reiste, um den dort residierenden Papst Clemens VI. zu überreden, nach Rom zurückzukehren und Ordnung in der schlecht verwalteten Stadt zu schaffen. Rom war seit fast vierzig Jahren verwaist, die Formel *Ubi Papa, ibi Roma* – wo der Papst ist, da ist Rom – für die Römer ein Affront ohnegleichen. Nicht genug damit, dass die Päpste die Steuerlast in Rom enorm erhöhten, um sich einen standesgemäßen Palast in Avignon zu errichten, sie zogen auch alles aus der Stadt in ihren Bannkreis, was Rom einst Einnahmen beschert hatte: Bankhäuser, Pilger, im Luxus schwelgende Kirchenfürsten. Alles zog nach Frankreich und ließ Rom in den Händen untereinander meist verfeindeter Adelsfamilien wie der Colonna, der Orsini und der Caetani zurück. Die Stellvertreter des Papstes, über die das Kirchenoberhaupt weiterhin Einfluss in Rom hatte, förderten weder das äußere Ansehen Roms noch garantierten sie den inneren Frieden.

Aus dieser labilen politisch-ökonomisch-sozialen Gemengelage erhob sich Cola di Rienzo: redegewandt, den römischen Bürgern verbunden, da er doch selbst aus einfachen Verhältnissen in Trastevere stammte, informiert aufgrund seines Berufs und willens, den Kampf gegen den korrupten Adel aufzunehmen. Nach seiner Eroberung des Kapitols vertrieb er die Beamten aus dem Palazzo dei Conservatori und die Adelsfamilien aus Rom, rief die Republik aus und erhob sich zum Volkstribun. Die neue Ära dauerte bloß ein knappes halbes Jahr, obwohl Cola di Rienzo durchaus umsichtig handelte und auch militärisch gegen die zurückdrängenden Aristokraten die Oberhand behielt. Mit neuen, von ihm selber erlassenen Verordnungen und Gesetzen ordnete er die Finanzen und schuf eine Rechtssicherheit, wie sie seit langem nicht mehr bestanden hatte.

Zum Verhängnis wurde Cola di Rienzo eine Art Cäsarenwahn. Er ließ sich in der Lateranbasilika zum Ritter weihen, erfand sich einen weitschweifigen blumigen Titel und bewegte sich, gewandet in eine Toga, mit einer wehrhaften Entourage aus Claqueuren durch Rom. Am 20. November 1347 kam es an der ☞ Porta San Lorenzo zu einer bewaffneten Auseinandersetzung zwischen den Colonna und dem Gemeindeheer, die di Rienzo für sich entscheiden konnte. Doch danach brach seine Herrschaft sehr schnell zusammen. Er floh aus Rom und verbrachte die folgenden Jahre verborgen bei Eremiten in den Abruzzen. Das rettete ihm wahrscheinlich das Leben, denn 1348 rollte die erste große Pestwelle über Rom hinweg. 1354 kehrte Cola di Rienzo mit dem Segen des Papstes und unter Kuratel eines Kardinals nach Rom zurück, wo er sogar als Senator eingesetzt und mit der Stadtregierung betraut wurde. Doch der Zauber war verflogen und das Volk Roms rebellisch. Am 8. Oktober 1354 wurde Cola di Rienzo gestürzt, und als man ihn vor ein Standgericht bringen wollte, erschlug ihn ein römischer Bürger hinterrücks, bevor der aufgebrachte Mob den Leichnam vor dem ☞ Palazzo Colonna aufhängte.

Trotz Cola di Rienzos schmählichen Todes konnte die Kommune ihre Macht eine Weile erhalten. Aus Dankbarkeit für das Ende der Pestepidemie errichteten die Bürger Roms als ein Zeichen der Verbindung zwischen Erde und Himmel die steile Treppe zu ☞ S. Maria in Aracoeli. 1363 wurden neue Statuten erlassen, die die Vormachtstellung der Gemeinde garantieren sollten. Darüber hinaus wurde ein nicht aus Rom stammender Senator berufen, unter dem die nun gewählten römischen Konservatoren ihres Amtes walteten.

Dreizehn Jahre später kehrte der Papst nach Rom zurück – ein kurzer Friede, der sich als höchst labil erwies, als im April 1387 ein neuer Papst gewählt werden sollte. Die Römer hatten es satt, als Spielball unterschiedlicher Machtbestrebungen herzuhalten, und stürmten das Konklave, um das vorwiegend aus Franzosen bestehende Kardinalskollegium zur Wahl eines römischen Papstes zu zwingen. Immerhin, es wurde zumindest ein Italiener. Doch die Wahl Papst Urbans VI. war derart chaotisch und unter solchem Waffenklirren verlaufen, dass sie von den Kardinälen selbst angefochten wurde. Als sich dieser Papst zu allem Überfluss auch noch als rigoros autokratisch entpuppte, fand sich das Konzil im rund 120 km südlich von Rom gelegenen Fondi – über die Via Appia eine Reise von zwei, maximal drei Tagen – zusammen und hob wenige Monate später einen Gegenpapst auf den Stuhl Petri. Damit war die Kirche durch eigene Misswirtschaft in ihrer Mitte auseinandergebrochen. Rom hatte das Nachsehen. Die Stadt verwilderte und leerte sich. Als 1420, zum Fest des heiligen Michael am 29. September, ein neuer Papst in Rom einzog, hatte die Stadt gerade noch knapp 25.000 Bewohner.

»Gott hat uns das Papsttum gegeben, lasst es uns genießen!«

Colonna, Barberini, Borghese, Farnese, Orsini, Caetani und Pamphili, dazu Piccolomini, della Rovere und natürlich die berühmt-berüchtigten Borgia: Das Papsttum zwischen dem 11. und dem 17. Jh. zeichnete sich durch ein Phänomen aus, das als Nepotismus in die Geschichte einging: Weltlich gesinnte – und meist sogar ausgesprochen hedonistische – Männer aus der eigenen Familie wurden von den Päpsten mit Kardinalswürden ausgestattet. Die Neffen, die zu Kirchenfürsten wurden, waren jung und vital, vor allem aber ehrgeizig und hatten als Kardinalnepot einen Vertrauensposten inne. Da der Nepot grundsätzlich aus derselben Familie stammte wie der Papst, war davon auszugehen, dass er heikle Missionen im Sinne seines Onkels ausführte und so die Familienmacht im Allgemeinen und den Papst im Besonderen stärkte. Dass so aber manchmal auch höchst unchristliche Häupter den roten Kardinalshut trugen, war ein Kollateralschaden, den man achselzuckend in Kauf nahm.

Paradebeispiel für ein besonders gewissenloses Mitglied des Kardinalskollegiums war Carlo Carafa, Neffe Papst Pauls IV. Carafa war vor seinen geistlichen Würden Soldat gewesen, ein typischer Condottiere, der in den Diensten der Colonna, der Farnese und der florentinischen Strozzi gegen jeden kämpfte, der damals eben bekämpft wurde – Spanier, Franzosen, Deutsche. Carafa war ehrgeizig, skrupellos und kriminell und wurde aus seiner Geburtsstadt Neapel wegen Raubes und Mordes vertrieben. Das war zehn Jahre bevor er 1555 von seinem Onkel zum Kardinal erhoben wurde, und zwar, nachdem ihm dieser die Absolution für seine Missetaten erteilt hatte. Als Kardinal wurde Carlo Carafa Diplomat, der im Auftrag des Heiligen Stuhls durch halb Europa reiste, um Bündnisse zu schmieden, oder – wenn das schiefging – Friedensbedingungen auszuhandeln. Daneben ließ er es sich an nichts fehlen. Carafa genoss den Luxus, den ihm sein Amt gewährte, ging auf die Jagd, gab sich dem Glücksspiel und sonst auch noch allerlei Ausschweifungen hin. Letzten Endes bezahlte er den Preis, denn als nach dem Tod seines Onkels der Medici Pius IV. Papst wurde, enthob ihn dieser aller Ämter und ließ ihn wegen Häresie, Mord, Homosexualität und anderer Delikte vor Gericht stellen. Dort wurde er zum Tod verurteilt und schließlich von seinem Henker erdrosselt. Interessanterweise hob Papst Pius V. das Urteil wieder auf, sodass Carafa neben seinem Onkel in der Carafa-Kapelle von ☞ S. Maria sopra Minerva in allen Ehren bestattet werden konnte.

Ein Meister des Nepotismus, ein wahrer Lehrmeister für alle Päpste nach ihm war jedoch Sixtus IV., der erste Papst aus der ligurischen Familie della Rovere (der zweite war Michelangelo Buonarrotis Nemesis Julius II.), der nicht weniger als sechs seiner Neffen zu Kardinälen ernannte. Darüber hinaus reorganisierte Sixtus IV. die Verwaltung des Kirchenstaats, indem er Notare und Sekretäre in Bausch und Bogen einstellte, und zwar gegen Bezahlung einer Art Eintrittsgeld. Das bedeutete nicht, dass jeder, der über genügend Geld verfügte, einen Posten erhielt. Auf fachliche Kompetenz wurde durchaus geachtet, aber eben nur in Verbindung mit liquidem Vermögen.

Im Grunde genommen entwickelte Sixtus IV. damit ein ausgeklügeltes Finanzierungssystem, denn die Amtsinhaber bekamen für ihre Investition nicht Zinsen, sondern ein Gehalt ausbezahlt. Ganz ähnlich verfuhr man mit Ablässen für einen sündhaften Lebenswandel und mit gewährten Gnaden. Mit welchen Folgen dagegen sehr bald schon ein Theologe im fernen Wittenberg wortgewaltig demonstrierte, ist bekannt. Darüber hinaus wurde Sixtus IV. zum Bauherrn, wobei die Ergebnisse zur höheren Ehre der Kirche im Allgemeinen und des Amtes im Besonderen dienten. Unter Sixtus' IV. Ägide entstanden der ☞ Ponte Sisto, große Erweiterungen des Hos-

PALAZZO DELLA CANCELLERIA Kardinal Raffaele Sansoni Riario, ein Nepot Sixtus' IV., ließ Ende des 15. Jh. einen mächtigen Palast errichten, der als erster reiner Renaissance-Palast Roms gilt. Die Bauzeit des Palastes – er befindet sich auf der ☞ Piazza della Cancelleria zwischen Corso Vittorio Emanuele II und ☞ Campo de' Fiori – erstreckte sich über knapp zwei Jahrzehnte, worauf eine höchst wechselvolle Geschichte folgte. Zu dieser gehört die Zerstörung während des Sacco di Roma, grandiose Feste französischer Militärs, ein blutjunger Kardinal (Nepot Papst Alexanders VIII.), der ein Theater einbauen ließ, zu dessen musikalischem Leiter er den Komponisten Arcangelo Corelli ernannte, und schließlich Napoleon, der in diesem Palast das Tribunal der Römischen Republik und den Kaiserlichen Gerichtshof einrichtete. 1849, auch in Rom herrschte die Revolution, wurde der Palast Sitz des Römischen Parlaments, das am 5. Februar ein Dekret erließ, in dem es hieß, dass das Papsttum de facto abgeschafft sei. Als jedoch die Revolution mitsamt ihren hehren Zielen gescheitert war, gab man dem Papst die Schlüssel der Stadt und jene dieses Palastes zurück. Nach der Einigung Italiens blieb der Palast im Besitz des Vatikans, woran auch die Lateranverträge mit Benito Mussolini nichts änderten. Heute ist der Palazzo della Cancelleria exterritorialer Besitz des Vatikans und unter anderem Sitz des Bußgerichtshofes, der *Sacra Rota Romana* (der höchste Zivil- und Strafgerichtshof der Kirche) sowie des Obersten Gerichtshofes der Apostolischen Signatur.

Ein Meisterwerk der Renaissancearchitektur: der Innenhof des Palazzo della Cancelleria, benannt nach seinem Architekten Donato Bramante. Der ☞ Cortile di Bramante ist ein Paradebeispiel für die Zweitverwertung der Antike: Die Säulen stammen teils aus dem ☞ Theater des Pompeius, teils aus den ☞ Diokletiansthermen.

---

pitals ☞ Santo Spirito in Sassia (heute das ☞ Museo Storico dell'Arte Sanitaria) sowie vor allem die ☞ Sixtinische Kapelle, die er von den ersten Malern seiner Epoche ausstatten ließ, die jedoch erst sein Neffe Julius II. zum Weltwunder machte, als er Michelangelo Buonarroti zum Malen auf die Gerüste zwang.

BORGO NUOVO Die auch unter den Namen Via Alessandria, Via Recta oder Via Pontificum bekannte kerzengerade Straße verband von 1499 bis 1936 die ☞ Engelsburg mit der ☞ Peterskirche und wurde zu einem Zentrum der Architektur der Hochrenaissance. Angelegt wurde die Straße für die Feiern des Heiligen Jahres (1500) im Auftrag von Papst Alexander VI. 1936/37 wurde die prächtige, breite ☞ Via della Conciliazione angelegt, womit nicht nur zahlreichen Renaissancebauten der Spitzhacke zum Opfer fielen, sondern auch ein Teil der mittelalterlichen Bausubstanz dieses Stadtviertels.

Wer von Nepotismus spricht, kommt vor allem um zwei Familien nicht herum: die Borgia und die Medici. Die aus dem spanischen Valencia stammende Familie Borja, später Borgia, brachte mit Calixt III. den ersten Papst auf den Stuhl Petri. Calixt III., eigentlich Alonso de Borja, war ursprünglich Rechtsgelehrter am spanischen Königshof, wo er sich große politische Verdienste im Zusammenhang mit dem Kirchenstaat errang, sodass ihm der König ein Erzbistum verlieh. Papst Eugen IV. ernannte den Fachmann für kanonisches Recht zum Kardinal, womit er 1455 zum Papst gewählt werden konnte. Calixt III., der das Pontifikat in hohem Alter übernahm, war ein zurückhaltender Papst, dessen Sorge vor allem dem angriffslustigen Osmanischen Reich galt. Um die Menschen zum Gebet für den Kampf gegen die Osmanen aufzurufen, führte er mit einer Bulle das »Türkenläuten« ein, das als Mittagsläuten bis heute gang und gäbe ist. Nach anfänglichem Zögern holte Calixt III. doch noch zwei Neffen nach Rom und ernannte sie zu Kardinälen. Der eine war Luis Juan de Milà, ein weitgehend unauffälliger Kirchenrechtsgelehrter. Der andere war Rodrigo de Borja, der seinen Nachnamen vorsorglich ins italienische Borgia verändert hatte, als sein Onkel Papst wurde, der aber vor allem selbst als Papst Alexander VI. Geschichte schrieb.

Rodrigo studierte zunächst in Bologna kanonisches Recht, wurde von seinem Onkel nach und nach mit lukrativen Pfründen versorgt, bevor er – ohne Priesterweihe, was damals jedoch nicht ungewöhnlich war – zum Vizekanzler der Heiligen Römischen Kirche und schließlich zum Kardinal ernannt wurde. Der Umgang mit Moral und Zölibat war für Rodrigo Borgia ebenso unproblematisch wie für viele andere Kirchenmänner seiner Zeit. Mit unbekannten Frauen – oder einer Frau? – hatte er zwei Söhne und eine Tochter, allesamt vom Vater anerkannt und gewinnbringend verheiratet. Seine berühmtesten Kinder stammten aus der langjährigen Beziehung mit Vanozza de' Cattanei: Cesare, Juan, Lucrezia und Jofré wurden nicht nur vom Vater legitimiert, sondern auch – und das war selbst in dieser Zeit ungewöhnlich – öffentlich gefördert. Denn Rodrigo Borgia war ein ehrgeiziger Mann, der sowohl mit allen ihm zur Verfügung stehenden Mitteln auf das Papstamt hinarbeitete als auch auf das Ziel, eine mächtige Dynastie zu gründen.

APPARTAMENTO BORGIA Wer die ☞ Vatikanischen Museen besucht und einen Rundgang durch den ☞ Apostolischen Palast unternimmt, gelangt dabei unweigerlich in jene Räumlichkeiten, die Papst Alexander VI. für sich adaptierte. Die ehemalige Papst-Wohnung liegt im ersten Stock und setzt sich aus einer Enfilade mehrerer Säle zusammen, die jeweils nach den Fresken von Bernardo Pinturicchio und seiner Helfer benannt sind: Sala delle Sibille, Sala dei Profeti, Sala del Credo (des Glaubensbekenntnisses), Sala delle Arti Liberali (der freien Künste), Sala dei Santi und Sala dei Misteri della Fede (der Mysterien des Glaubens), wobei sich die ersten beiden Räume in der Torre Borgia befinden, die anderen im Piano Nobile des Apostolischen Palastes. Das Appartamento Borgia trägt noch heute schwer an seiner finsteren Vergangenheit: In der Sala delle Sibille wurde Alfonso von Aragón, Lucrezia Borgias zweiter Mann, von ihrem Bruder Cesare im Auftrag ihres Vaters erdrosselt. In den Räumen soll echtes Gift gemischt und das Gift bösartiger Verschwörungen ersonnen worden sein. Und in den Bildern sind die Frauen des Papstes verewigt: In der *Verkündigung* (Sala dei Misteri) soll Vanozza abgebildet sein, in der *Madonna mit dem Kind* über der Tür der Sala dei Santi soll es Giulia Farnese, die blutjunge Geliebte des alternden Papstes, sein, die *heilige Katharina* schließlich, ebenfalls in der Sala dei Santi, soll die Züge Lucrezias tragen. Papst Julius II., ein Nachfolger des Borgia-Papstes, soll schaudernd aus dem Appartamento Borgia in die darüberliegenden ☞ Stanzen des Raffael gezogen sein, um nicht ständig, wie er meinte, der »üblen und unseligen Erinnerung an diesen Schurken« ausgesetzt zu sein.

Ein Papst, seine Geliebten und seine Kinder: Papst Alexander VI. (Cristofano dell'Altissimo), Vanozza de' Cattanei (Mitte; Innocenzo Francucci), Giulia Farnese (rechts oben; Raffael), Lucrezia (links; Bartolomeo Veneto) und Cesare Borgia (Altobello Melone).

Mit den Borgia zog ein neuer Ton in Rom ein. Cesare erhielt bereits im zarten Alter von sieben Jahren apostolische Ämter, wurde mit ungefähr fünfzehn Jahren Bischof von Pamplona, was ihm ausreichende Einkünfte brachte, um sorglos in Perugia dem Studium der Rechtswissenschaften nachzugehen. Letzteres tat er offenbar mit Interesse, denn Cesare Borgia galt unter Zeitgenossen als im kanonischen und zivilen Recht hervorragend gebildet. Ein entsetztes Raunen ging durch den Klerus, als der auch militärisch begabte Cesare sein vom Vater verliehenes Kardinalat einfach aufgab, um sich territorialen Eroberungszügen zu widmen. Die wechselnden Allianzen seines Vaters Alexanders VI., die dieser nach dem Prinzip des *do ut des* – ich gebe, damit du gibst – einging, unterstützte Cesare mit viel Kreativität, was ihn letztlich aber Ehre und Leben kostete, nachdem sein Vater an der Malaria gestorben war.

Cesares Bruder Juan, der Lieblingssohn des Papstes, fand schon viel früher den Tod: Er wurde in der Nacht des 14. Juni 1497 nach einem familiären Abendessen mit Mutter, Vater und Bruder ermordet. Versammelt hatten sich die Familie und Freunde in dem kleinen ☞ Palazzetto dei Borgia mit dem hübschen Balkon, in dem Vanozza de' Cattanei residierte und den man über den dunklen *Vicus sceleratus* (☞ Scalinata dei Borgia, die Treppe führt von der Via Cavour aus zur ☞ Basilica S. Pietro in Vincoli) erreichte. Das Letzte, was man von Juan sah, war ein Winken, als er nicht über die Engelsbrücke in Richtung Vatikan ritt, sondern nach links das Tiberufer entlang. Bis heute ist rätselhaft, was danach geschah. Sicher ist nur, dass Juans Leichnam mit neun Dolchwunden und durchschnittener Kehle im Tiber gefunden wurde, dass es aufgrund des skrupellosen Machtstrebens seiner Familie ein Heer an Verdächtigen gab – darunter auch der auf den Lieblingssohn eifersüchtige Cesare – und dass sein Vater, der Papst, untröstlich über den Tod seines Sohnes war: »Sein Tod gab Uns das größte Leid und keinen größeren Schmerz als diesen könnten Wir erleiden, denn Wir liebten ihn mehr als alles andere«, verkündete er vor den versammelten Kardinälen. Aufgeklärt wurde der Mord nie.

STEFANO INFESSURA Vieles, was man über das Leben im Rom der zweiten Hälfte des 15. Jh. weiß, ist dem Notar und Tagebuchverfasser Stefano Infessura zu verdanken. Sein *Diario,* das in der Zeit zurückgreift, beginnt 1303 mit dem Tod Papst Bonifatius' VIII. und endet 1494, wobei die Pontifikate Pauls II., Sixtus' IV., Innozenz' VIII. und Alexanders VI. in besonders grellen Farben beschrieben werden. Infessura war subjektiv, kaisertreu, anti-papistisch und schrieb mit beißendem Hohn und Spott. Er klagte die Verkommenheit seiner Zeit an, erzählte von einem Rom, wo zügellose Habgier herrschte und Gewalttätigkeit überhandnahm. Infessuras Biografie ist, gemessen am Inhalt seines *Diarios,* völlig unspektakulär. Er studierte die Rechte, wurde zum Podestà, einer Art Gouverneur, einer Kleinstadt im Latium ernannt und unterrichtete ab 1481 an der Universität von Rom – damals in der Nähe der ☞ Basilica di Sant'Eustachio – Rechtswissenschaften. Um den Jahreswechsel 1499/1500 starb Infessura, was man weiß, weil seine Söhne eine Totenmesse in der Kirche ☞ S. Maria in Via Lata bestellten. In Rom hat man ihn durch die ☞ Via Stefano Infessura verewigt.

Spielball der Ränke ihrer Familie war auch Lucrezia, die mehrfach verlobt und entlobt wurde, deren Ehemänner ermordet oder geschieden wurden, ganz nach Bedarf. Doch Lucrezia dürfte eine kluge, fähige Frau gewesen sein, die hoch in der Gunst ihres Vaters stand, der sie sogar im Vatikan als Stellvertreterin mit weitreichenden Handlungsbefugnissen einsetzte, wenn er auf Reisen war. Berichte darüber, dass zwischen dem Vater und der Tochter oder zwischen Schwester und älterem Bruder Cesare ein inzestuöses Verhältnis bestand, dürften mit großer Wahrscheinlichkeit einem Gerücht geschuldet sein, das Giovanni Sforza, der düpierte und geschiedene erste Ehemann Lucrezias, in die Welt gesetzt hatte. Lucrezias dritter Ehemann war Alfonso I. d'Este, Herzog von Ferrara. Eine uneheliche Papsttochter lag eigentlich weit unter der Würde des mächtigen Herzogs von Ferrara, die Borgia-Macht wiederum war eine konkrete territoriale Bedrohung und die angekündigte Mitgift beachtlich. Die Ehe wurde trotz anfänglicher Zweifel schließlich geschlossen und Lucrezia Borgia zur hochgeachteten Her-

Das ☞ Castel Sant'Angelo mit dem ☞ Passetto di Borgo, der nach rund 800 m im Apostolischen Palast endet.

CASTEL SANT'ANGELO Der Palazzaccio – der hässliche Protzpalast – war ursprünglich das Mausoleum Kaiser Hadrians, wurde im Jahr 139 fertiggestellt, später jedoch von mehreren Päpsten zu einem Kastell umgebaut und sowohl als Fluchtburg als auch als Gefängnis mehrerer Päpste verwendet. Der ☞ Passetto di Borgo, der in einer Mauer verborgene Fluchtweg zwischen Vatikan und Engelsburg, entstand im späten 13. Jh. unter Papst Nikolaus III. Er rettete sowohl Clemens VII. vor den marodierenden Landsknechten als auch Papst Pius VII. vor Napoleons Truppen.

---

zogin von Ferrara. Sechzehn Jahre dauerte diese Ehe, und sie galt als glücklich. Als Lucrezia 1518 im Kindbett verstarb, schrieb der Herzog an seinen Neffen, der Tod habe ihn seiner »lieben und süßen Gefährtin beraubt«.

Nochmals zurück zu Alexander VI., dessen Geschichte noch einer Vervollständigung bedarf, und diese trägt einen Namen: Giulia Farnese. Die 1474 geborene, La Bella, die Schöne, genannte junge Frau aus einer der mächtigen römischen Adelsfamilien wurde bereits in der Wiege in eine Ehe mit einem Orsini verschachert, die 1489 im Palast der Borgia geschlossen wurde. (Der ☞ Palazzo Sforza Cesarini am Corso Vittorio Emanuele II wird heute als Veranstaltungsort genutzt.) Ungefähr zur selben Zeit wurde sie die Geliebte des Kardinals Rodrigo Borgia. 1492, in jenem Jahr, in dem der Kardinal zu Papst Alexander VI. gewählt wurde, gebar Giulia die gemeinsame Tochter Laura. Dass sowohl die Familie Farnese als auch die Orsini die Affäre nicht nur akzeptierten, sondern unterstützten, lag an Alessandro Farnese, Giulias Bruder, der sich Hoffnung auf hohe und höchste Ämter innerhalb der kirchlichen Hierarchie machte. Die Hoffnung ging auf, und Alessandro Farnese wurde zuerst Kardinal, bekam später einige Diözesen und wurde 1534 zum Papst gewählt. Paul III., so sein Papstname, hatte mit seiner langjährigen Geliebten vier Kinder, die er legitimieren ließ. Laura, die Tochter Giulia Farneses mit Papst Alexander VI., heiratete Niccolò della Rovere, den Neffen Papst Julius' II. Giulia selbst war noch ein zweites Mal verheiratet und zog sich schließlich als Witwe in den ☞ Palazzo Farnese (heute die französische Botschaft und Sitz der École française de Rome an der Piazza Farnese), den ihr Bruder Alessandro erbauen hatte lassen, zurück. In ihrem Testament hinterließ sie alle irdischen Güter ihrer Tochter Laura – mit Ausnahme eines Bettes, das sie als sarkastischen Hinweis auf den Hintergrund seiner Karriere ihrem Bruder Alessandro vermachte. Unter dem ☞ Grabmal Papst Pauls III. im ☞ Petersdom soll die Allegorie der Gerechtigkeit (die linke Figur) ein Abbild seiner Schwester Giulia sein. Die ursprünglich nackte Skulptur zog, so heißt es, derart unziemliche Blicke auf sich, dass man sie mit einem Hemd aus Blei versah, das sich gegen einen Obolus noch bis ins 18. Jh. abnehmen ließ.

Den Plan, das Papsttum zu genießen, wenn es einem denn schon verliehen worden war, versuchte auch Leo X. sehr konsequent umzusetzen. Giovanni de' Medici, Sohn Lorenzo »il Magnifico« de' Medicis und dessen Ehefrau, einer Orsini aus Rom, war von Beginn an für eine kirchliche Laufbahn vorgesehen. Im Alter von siebzehn Jahren wurde er zum Kardinal

---

PASQUINO Satire darf alles, vor allem im Schutz der Anonymität. Dies pflegten die Römer ab dem frühen 16. Jh. mit den *pasquinate,* kurzen oder längeren Versen oder Aphorismen, mit denen die Herrschenden verspottet wurden. Die *pasquinate* wurden auf kleine Zettel geschrieben und an der Ecke des ☞ Palazzo Braschi (heute an der ☞ Piazza Pasquino) an eine hellenistische Figurengruppe geheftet. Bald wurden über die ganze Stadt verteilt Brunnenfiguren zu Pasquini zweckentfremdet – auf der ☞ Via Babuino zum Beispiel oder bei der ☞ Fontana del Facchino an der Via del Corso. Den originalen Pasquino am Palazzo Braschi (im Bild rechts) hat man vor einigen Jahren gereinigt, und, da diese Form des Spottes nach wie vor lebt, eine Tafel aufgestellt, wo man heute so manch bissige Satire gegen italienische Politiker finden kann.

ernannt und nahm an seinem ersten Konklave teil, bei dem Alexander VI. gewählt wurde. Giovanni, ein treuer Gefolgsmann Julius' II., den er auf dessen zahlreichen Kriegszügen begleitete, wurde 1513 zum Papst gewählt, und zwar nach einem Konklave, das erstmals in der von Michelangelo Buonarroti ausgestalteten ☞ Sixtinischen Kapelle stattfand. Galt Rom schon bislang als veritabler Sündenpfuhl, so setzte Leo X. dem noch die Krone auf: »Alle tun alles vor allen«, war ein kursierender Spottvers über die Feste des Papstes. Mit dem renitenten Theologen aus Wittenberg versuchte Leo X. kurzen Prozess zu machen, indem er ihn exkommunizierte. Doch als Luther das Dokument vor den Augen seiner Anhänger verbrannte, ahnte man in Rom langsam doch die Gefahr, die von dieser Gegenbewegung ausging. Luthers Mitstreiter trachteten Leo X. nie nach dem Leben, das taten jedoch seine Kardinäle. Zwei Giftanschläge sind überliefert, einen davon hatte ein junger Kardinal gemeinsam mit dem Leibchirurgen des Papstes angezettelt: Leo X., der angeblich unter Syphilis litt, sollte bei einem kleinen Eingriff tödlich infiziert werden. Das Komplott flog auf, die Verschwörer wurden grausam hingerichtet, der Kardinal in der ☞ Engelsburg erdrosselt.

Leo X. starb im Winter 1521 und hatte die Kassen des Vatikans angeblich so restlos geleert, dass das Geld nicht einmal für Begräbniskerzen reichte. Beigesetzt wurde Leo X. in der Kirche ☞ S. Maria sopra Minerva, eine Statue des beleibten Papstes steht in der Kirche ☞ S. Maria in Aracoeli.

Als in Europa die Auseinandersetzung zwischen dem französischen König und dem Kaiser um die Vorherrschaft in Europa tobte, gelang es, mit Hadrian VI. einen zwar glanzlosen, aber verlässlichen Theologen als Konsenskandidaten auf dem Stuhl Petri zu inthronisieren. Auf ihn folgte nach nur einem Jahr mit Clemens VII. ein Cousin und Günstling Leos X. Clemens VII. war in erster Linie Politiker, der jedoch seine Allianzen so ungeschickt schloss und wieder löste, dass Kaiser Karl V. schließlich auf Rom marschierte. Das Ergebnis war der Sacco di Roma, das Armageddon des Jahres 1527, die nahezu restlose Verwüstung Roms durch schlecht versorgte und unkontrollierbare Söldnertruppen des Kaisers. Der Papst floh über den ☞ Passetto di Borgo in die ☞ Engelsburg, wo er sieben Monate ausharrte, bis er ins Exil nach Orvieto geschickt wurde. Rund viertausend Opfer hatte das Wüten gefordert, doch nach Vereinbarungen und günstigen Heiratsverträgen kehrte Rom schnell zum Alltag zurück. Der Sacco di Roma aber blieb ein Mythos, dessen heute noch von der Schweizergarde jedes Jahr am 6. Mai gedacht wird: An diesem Tag des Jahres 1527 waren aus der Garde des Papstes 147 von 189 Männern in Kämpfen umgekommen.

DAS RÖMISCHE GHETTO Dank überlieferter Gesetze und Edikte weiß man, dass es bereits vor der Zeitenwende Juden in Rom gab. So ist bekannt, dass vor allem Augustus der jüdischen Gemeinde gegenüber ausgesprochen liberal und wohlwollend war. Der *princeps* achtete beispielsweise darauf, dass die Juden bei der Verteilung von Getreide nicht zu kurz kamen. Wurden die Naturalien zufällig an einem Sabbat verteilt, hob man einen Teil für den nächsten Tag auf. Die meisten der römischen Juden kamen jedoch als Gefangene in die Stadt, und zwar im Zuge der Eroberung Jerusalems durch Titus. Geschätzt wird eine Zahl von 100.000 Menschen, von denen es einigen gelang, freigelassen zu werden und die römischen Bürgerrechte zu erlangen. Mit der Zeit entwickelte sich am rechten Tiberufer – in ☞ Trastevere – ein lebendiges jüdisches Viertel, und bereits für das 3. und 4. Jh. sind für Rom die Namen von zumindest elf Synagogen überliefert.

Mit dem Erstarken des Christentums verschlechterte sich die Situation der Juden in Rom. Es kam zu ersten Pogromen, und im 13. Jh. befahl Papst Innozenz III. Juden und Sarazenen das Tragen diskriminierender Abzeichen. Während der relativ liberalen Epoche der Renaissance erlebte die jüdische Gemeinde Roms ihre Blüte. Der intellektuelle und kulturelle Austausch mit den christlichen Nachbarn war lebhaft, die Wirtschaft florierte und die Päpste hatten zumeist jüdische Leibärzte, die über eine hervorragende Ausbildung verfügten. Auch als 1492 auf der iberischen Halbinsel das *Alhambra-Edikt* erlassen wurde und Sepharden in ganzen Heerscharen flüchten mussten, konnten sich viele von ihnen ohne Restriktionen in Rom niederlassen.

Das änderte sich mit der Reformation, als man nicht nur abtrünnige Christen mit Argwohn betrachtete, sondern zunehmend auch die Juden. Plötzlich nahm die Vorstellung überhand, Juden seien ein Ansteckungsherd, vor dem man Christen beschützen müsse. Auf der Grundlage der Bulle *Cum nimis absurdum (Weil es allzu widersinnig ist)*, veröffentlicht am 14. Juli 1555 durch Papst Paul IV., nahm man den Juden Roms in insgesamt fünfzehn Punkten nicht nur alle Rechte, man erlegte ihnen auch Berufsverbote auf und wies ihnen ein Gebiet im Rione Sant'Angelo zwischen ☞ Teatro Marcello und ☞ Portico d'Ottavia zu. Es wurde ummauert, die Tore wurden nachts geschlossen. Die Wohnbedingungen waren schwierig, das Ghetto meist heillos überbevölkert, und der nahe Tiber verschärfte durch seine häufigen Hochwasser die Situation zusätzlich. Dazu kam aufgrund der Berufsverbote eine zunehmende Verarmung der jüdischen Bevölkerung. Jedoch nicht alle Kirchenmänner hielten sich an die Vorgaben der Bulle. Manche, wie beispielsweise Sixtus V. und sein Neffe, Kardinal Montalto, beschützten die jüdische Gemeinde und nahmen jüdische Ärzte und Kaufleute in ihre Dienste. Als Kardinal Montalto rund dreißig Jahre nach Papst Sixtus V. starb, endeten vier Jahrzehnte des Schutzes und der Toleranz.

In den folgenden zweieinhalb Jahrhunderten hing das Schicksal der römischen Juden vom jeweiligen Papst ab. Nicht selten milderte der eine die diskriminierende Politik des Kirchenstaats, während bereits sein Nachfolger die Vorschriften sogar noch verschärfte. Der Einzug Napoleons brachte eine vorübergehende Emanzipation der Juden, die jedoch mit der Restauration nach dem Wiener Kongress schon wieder ein Ende nahm. Dreißig Jahre später kam Papst Pius IX. und verschärfte die Lage nochmals. Erst die Regierung des vereinten Italiens hob die Sondergesetzgebung für Juden auf, befreite sie von verpflichtenden Konversionspredigten, öffnete die Ghettotore, nahm Juden in die römische Bürgerwehr auf und erklärte das Ghetto für aufgelöst. Gebäude wurden abgerissen und stattdessen die ☞ Große Synagoge (unten) als Symbol der staatsbürgerlichen Gleichberechtigung der Juden errichtet.

Ende der 1930er-Jahre lebten in Rom etwa 13.000 Juden, die nach dem Einmarsch deutscher Truppen der Vernichtungspolitik des Deutschen Reichs ausgesetzt waren. Mehr als eintausend römische Juden wurden in Vernichtungslagern ermordet, viele konnten jedoch entkommen, indem sie sich versteckten: In Rom sollen über 4.000 Juden in Pfarren, Klöstern, Konventen und sogar im Vatikan Unterschlupf gefunden haben. Auch nach dieser Zäsur blieb die Große Synagoge Roms ein symbolischer Ort der Annäherung zwischen Juden und Vatikan. Besonders sichtbar wurde das am Samstag, den 17. März 1962, als Papst Johannes XXIII. in einer spontanen Geste seinen Wagen an der Großen Synagoge halten ließ und die Juden, die gerade aus der Synagoge strömten, segnete. Die Begeisterung war groß, ein jahrhundertealter Bann gebrochen.

Römische Prozesse

Unter Papst Paul III. begann sich ein Wandel in Rom abzuzeichnen. Der Farnese-Papst, der seine Karriere nicht zuletzt der Affäre seiner Schwester Giulia mit dem Borgia-Papst verdankte, berief 1545 das Konzil nach Trient ein. Man musste der Reformation begegnen, die Kirche und ihren Leumund aufpolieren und sich gleichzeitig klar von radikalen Reformern abgrenzen. Sittlichkeit und Aufopferung für das Wohl der christlichen Untertanen anstatt Anhäufung von Pfründen und weltlichen Gütern sollte fortan das Haupt der Christenheit in einem neuen Licht erstrahlen lassen. Doch dieses Licht sollte auch den einen oder anderen Schatten werfen.

Am 21. Juli 1542 gründete Papst Paul III. die *Congregatio Romanae et universalis Inquisitionis,* die Kongregation für die Glaubenslehre, bestehend aus sechs Kardinälen, die als Generalinquisitoren fungierten. Sie durften weitere Inquisitoren ernennen und sahen es als ihre vordringlichste Aufgabe an, die Reformbewegung des Protestantismus in Italien zu unterbinden. Dafür erstellte man 1559 auch erstmals den *Index librorum prohibitorum,* das Verzeichnis der verbotenen Bücher, das meist kurzerhand nach dem Ort seines Entstehens *Index Romanus* genannt wird. Dabei benannte man lediglich neu, was längst gang und gäbe war. Bücher hatte die Kirche immer wieder verboten, erst 1521 hatte man Luthers Schriften in Rom verbrannt und den Mann selbst *in effigie* – in Abwesenheit – gleich mit. Doch mit der Erfindung des Buchdrucks drohte die Sache aus dem Ruder zu laufen, also musste die Kirche gegen die schnelle und vor allem weite Verbreitung missliebiger Inhalte vorgehen.

Die beiden berühmtesten Prozesse, die von der Römischen Inquisition angestrengt wurden, waren der gegen Galileo Galilei und jener gegen Giordano Bruno. Beide Prozesse endeten tragisch, wenn auch jeder auf seine Weise.

PALAZZO DEL SANT'UFFIZIO Der ☞ Sitz der Kongregation für die Glaubenslehre ist ein aus dem frühen 16. Jh. stammender Palast, dessen heutige Fassade unter anderem Michelangelo Buonarroti zu verdanken ist. Ursprünglich stand er im Besitz eines Kardinals, wurde jedoch 1567 vom Heiligen Stuhl erworben und zum Amtsgebäude des Kirchenstaates umfunktioniert. Das Gebäude liegt knapp außerhalb der Vatikanischen Grenze an der ☞ Piazza del Sant'Uffizio, gilt also als exterritorial. Einer der bekanntesten Präfekten der Kongregation war von 1981 bis 2005 Kardinal Joseph Ratzinger, der spätere Papst Benedikt XVI.

Giordano Bruno, der *academico di nulla academia* – der Akademiker von keiner Akademie –, wie er sich selbst einmal nannte, stammte aus einer kleinen Stadt in der Nähe Neapels, trat als Siebzehnjähriger in den Dominikanerorden ein – und begann früh zu zweifeln. An der kirchlichen Marienverehrung im Speziellen, an der Heiligenverehrung und der Menschwerdung Gottes im Besonderen. Als Mönch studierte er Philosophie und Theologie, wurde noch zum Priester geweiht und musste, weil er sich der Häresie verdächtig machte, aus Neapel fliehen. Es begannen Jahre der Wanderschaft: Mailand, Genf, Paris, London, Frankfurt am Main, Zürich und schließlich Venedig. Überall in Europa gelang es Giordano, mächtige und finanziell potente Förderer zu finden. Gleichzeitig schuf er sich überall gleichermaßen mächtige Widersacher, die letzten Endes das verhinderten, wonach er strebte: ein fester Lehrstuhl. Aber er schrieb: *Das Aschermittwochsmahl* sowie *De l'Infinito, Universo et Mondi – Über die Unendlichkeit, das Universum und die Welten.* Er definierte seine Gegnerschaft zu Aristoteles, formulierte seine Achtung vor Plato, Thomas von Aquin sowie Nikolaus von Kues und erweiterte das kopernikanische Weltbild, indem er nicht die Sonne in den Mittelpunkt des Universums stellte, sondern dieses in die Unendlichkeit ausdehnte: »Unzählige Sonnen existieren und unzählige Erden umkreisen diese Sonnen«, schrieb Bruno und verließ damit den Boden der christlichen Heilslehre über Erlösung und ein versprochenes Jenseits.

Als Giordano Bruno nach Norditalien zurückkehrte, schnappte ihm Galileo Galilei einen vakanten Lehrstuhl an der Universität von Padua vor der Nase weg, woraufhin Bruno einer Einladung nach Venedig folgte. Die Erwartungen des venezianischen Gastgebers dürften enttäuscht worden sein, denn im Mai 1592 denunzierte dieser ihn beim Sant'Uffizio. Noch im selben Monat wurde er verhaftet und in Venedig vor das Tribunal der Glaubenskongregation gestellt. Nach sieben Verhandlungen versuchte der Philosoph den Prozess abzukürzen, warf sich vor den Richtern auf die Knie und bat um Vergebung. Seine Hoffnung, dass dies die ganze Angelegenheit mit einem milden Urteil schnell beenden würde, war jedoch eitel. Venedig sandte die Prozessakten nach Rom, wo man sie mit ganz anderen Augen sah: Giordano Brunos Gedanken waren für sich allein nicht gefährlicher als manche anderen Ideen, doch nach dem Dammbruch, den Luthers Abfall für die katholische Kirche bedeutet hatte, drohte ein Dominoeffekt, den es um jeden Preis zu verhindern galt.

Giordano Bruno wurde umgehend nach Rom überführt, kam dort im Februar 1593 an und wurde ins Gefängnis des Sant'Uffizio gebracht, während man erneut einen Prozess gegen ihn vorbereitete. Sieben Jahre folgten und zweiundzwanzig Verhöre, einige davon *stricte,* also unter Folter. Doch der Philosoph

---

INDEX ROMANUS Bereits seit dem Konzil in Nicäa gab es kirchliche Bücherverbote. Damals waren es die Schriften des Arius, die verboten und deren Besitz unter Todesstrafe gestellt wurde. Im Mittelalter kamen Pierre Abélard und der Talmud dazu. Als wirklich gefährlich für die Glaubenslehre betrachtete man in der frühen Neuzeit naturwissenschaftliche Erkenntnisse: Als Nikolaus Kopernikus das heliozentrische Weltbild beschrieb, wurde das als Häresie empfunden und als absurde und verrückte Philosophie abgetan. Kopernikus' *De revolutionibus orbium coelestium* kam damit ebenso auf den Index wie die Schriften Galileo Galileis, später auch jene Spinozas, Erasmus' von Rotterdam sowie der Aufklärer Diderot, Descartes und Voltaire. Immanuel Kants *Kritik der reinen Vernunft* steht auf der Liste, Simone de Beauvoirs *Das andere Geschlecht* und Werke Jean-Paul Sartres. 1965/66 wurde der Index durch Papst Paul VI. abgeschafft.

Auf den vier Tafeln am Sockel des Giordano-Bruno-Denkmals auf dem ☞ Campo de' Fiori wird die tragische Geschichte des Denkers nacherzählt.

unterwarf sich nicht, sondern verteidigte seine Philosophie und versuchte nachzuweisen, dass sie mit der Orthodoxie durchaus kompatibel sei. 1599 nahm Kardinal Roberto Bellarmino, Theologe des päpstlichen Poenitentiariums und Berater im Sant'Uffizio, die Zügel in die Hand und reduzierte die mittlerweile enorm angewachsene Anklageschrift auf acht Punkte, die dem Angeklagten unterbreitet wurden. Giordano Bruno, der seit bald acht Jahren im Gefängnis saß, aktivierte ein letztes Mal all seine Kraft, um zu überleben. Mit Logik und stringenter Dialektik versuchte er, seine Argumente darzulegen. Vergebens. Am 9. September 1599 fand die Abschlusssitzung statt, nach der Bellarmino sein Ultimatum stellte: bedingungslose Abjuration oder das Todesurteil. Dreieinhalb Monate später beantwortete Giordano Bruno die Bedingungen: Er könne und wolle nicht widerrufen, denn es gebe nichts, was er widerrufen könne. Am 8. Februar 1600 wurde das Todesurteil vor dem Inquisitionsgericht und in Anwesenheit eines Notars verkündet. Darauf gab der Philosoph die Antwort, die seither zum Motto vieler wurde, die für Gedanken- und Redefreiheit einstehen: »Vielleicht seid ihr, die ihr mein Urteil sprecht, in größerer Angst als ich, der ich es empfange.« Neun Tage später wurde Giordano Bruno, dem man noch eine Schandmaske angelegt hatte – *la lingua in giova* –, um ihn am Sprechen zu hindern, auf den ☞ Campo de' Fiori gebracht, dort entkleidet und verbrannt. Auf dem ☞ Petersplatz wurde ein zweiter Scheiterhaufen errichtet, um auch die Bücher des Philosophen den Flammen zu überantworten. Es war ein Heiliges Jahr und Rom voller Pilger aus ganz Europa. Mit dem Fanal, das weniger geistliche als vor allem politische Hintergründe hatte, hoffte die Kirche, ein abschreckendes Signal an all jene zu senden, die sich mit häretischen Gedanken befassten.

1889 wurde das ☞ Standbild Giordano Brunos auf dem Campo de' Fiori enthüllt. Noch im selben Jahr verfasste Papst Leo XIII. einen Mahnbrief, in dem alle Gläubigen aufgefordert wurden, sich nicht zu Irrlehren wie jener dieses Philosophen hinreißen zu lassen. Auch danach hat der Vatikan immer wieder Versuche gestartet, das Denkmal abreißen zu lassen, was interessanterweise auch Benito Mussolini rundweg abgelehnt hat. Im Jahr 2000 hielt Papst Johannes Paul II. schließlich fest, Giordano Brunos Pantheismus sei mit der Kirchenlehre nicht zu vereinbaren, er drückte aber immerhin sein Bedauern über dessen Hinrichtung aus. Eine Rehabilitierung des Philosophen durch die Kirche hat bis heute nicht stattgefunden.

Fünfzehn Jahre nach dem Tod Giordano Brunos begannen die Auseinandersetzungen um die Lehren Galileo Galileis, der dem kopernikanischen Weltbild anhing und es zu beweisen versuchte. Was ihm dabei vor allem half, war die Erfindung des Fernrohrs, mit dem der Mathematiker ins Weltall schauen konnte. Seine Himmelsbeobachtungen stellten sich als revolutionär heraus, als er sehen konnte, dass der Mond keine ebene Oberfläche und der Jupiter vier Monde hat und dass die Milchstraße mitnichten ein Nebel ist, sondern eine Ansammlung zahlloser Sterne. Galilei war so begeistert von seinem Fernrohr, dass er Nachbauten an einige seiner Freunde und Kollegen schickte. Doch die Linsen waren oft so schlecht geschliffen, dass kaum jemand am Himmel erkennen konnte, was Galilei beschrieben hatte. Die Folge war, dass viele ihn für einen Scharlatan hielten. Ein Gutteil seiner Überlegungen fand in den *Dialogen,* in denen Galilei ptolemäisches und kopernikanisches Weltbild gegenüberstellte, seinen Niederschlag. 1630 erhielt er für deren Veröffentlichung sogar das Imprimatur der Zensurbehörde in Rom, 1632 erschien das Werk, das auch insofern innovativ war, als es in der Volkssprache Italienisch und nicht mehr in Latein verfasst war. Vonseiten der Kirche hatte man Galilei immer zu verstehen gegeben, dass er alles schreiben dürfe, solange er sich klar auf der Seite der kirchlichen Weltsicht positionierte. Letztlich aber war es offensichtlich, dass Galilei sehr wohl das missliebige kopernikanische Weltbild vertrat. So wohlgesinnt die Kirche dem Mathematiker auch war, darüber konnte sie nicht hinwegsehen.

Im Februar 1633 begann das Verfahren gegen den alten Mann, das mit drei Verhören seinen Anfang nahm, in denen Galilei sogar anbot, die *Dialoge* umzuschreiben. Immerhin wurde Galilei für die Zeit seines Prozesses nicht wie Giordano Bruno in eine dunkle Zelle der Inquisition geworfen, sondern durfte seinen Hausarrest als Gast in der ☞ Villa Medici am Hang

---

CARCERI NUOVE Im Jahr 1647 wurden in der ☞ Via Giulia die Neuen Kerker – Carceri Nuove – fertiggestellt. Auftraggeber war Papst Innozenz X., ein Pamphili und mithin aus römischem Hochadel. Die Carceri Nuove verursachten Angst und Schrecken, und jeder versuchte, einen weiten Bogen um den Palazzo zu machen. Hier wurden die grausamen Verhöre der Inquisition durchgeführt, sodass die Schreie oft bis auf die Straße zu hören waren. Heute ist das Gebäude als Sitz der ☞ Direzione Nazionale Antimafia e Antiterrorismo eine Zweigstelle des italienischen Justizministeriums. Im zweiten Stock findet man in einem Raum einen sichtbar in der Wand fixierten Haken: An ihm wurden die unglücklichen Angeklagten während der Folter festgebunden. Bis 1968 war hier außerdem das ☞ Museo criminale italiano untergebracht. Es ist mittlerweile ein paar Meter weiter in der ☞ Via del Gonfalone untergebracht, derzeit (Frühjahr 2023) jedoch leider geschlossen.

Mit großer Wahrscheinlichkeit handelt es sich bei diesem Gemälde um ein Porträt Beatrice Cencis, die gemeinsam mit ihrer Stiefmutter und ihrem Bruder des Mordes an ihrem Vater für schuldig befunden wurde. Der Prozess ging in die Geschichte ein und inspirierte Maler, Dichter und Opernkomponisten. Das Porträt wurde lange Zeit dem Maler Guido Reni zugeschrieben. Heute gehen Kunsthistoriker davon aus, dass es das Werk Ginevra Cantofolis ist. Wer es im Original sehen möchte: Das Bild hängt in den ☞ Gallerie nazionali d'arte antica im ☞ Palazzo Barberini.

des Pincio verbringen. Am 22. Juni 1633 schließlich wurde im Dominikanerkloster neben der ☞ Basilika S. Maria sopra Minerva das Urteil über Galileo Galilei gesprochen. Da hatte der betagte Wissenschaftler bereits resigniert: Er schwor all seinen Überzeugungen ab, verfluchte sie auf Knien und in härenem Hemd und entkam so dem Scheiterhaufen. Stattdessen wurde er zu lebenslanger Haft verurteilt, die man in einen Hausarrest umwandelte, in dem er bis zu seinem Tod blieb. Dass er nach der Urteilsverkündung sein berühmtes *Eppur si muove* – »Und sie bewegt sich doch!« – gemurmelt haben soll, ist wohl eine Legende.

Hinrichtungen gehörten zum Alltag Roms. Sie fanden entweder am äußeren Ende des ☞ Ponte Sant'Angelo statt – nahe beim ehemaligen Gefängnis Tor di Nona – oder auf der ☞ Piazza del Popolo oder am ☞ Campo de' Fiori. Die öffentlichen Hinrichtungen sollen so häufig gewesen sein, dass sich die Kunden eines Gasthauses am Campo de' Fiori bereits darüber beklagten.

Eine besonders tragische Geschichte verbirgt sich hinter einer Exekution, die am 11. September 1599 auf dem Platz vor dem ☞ Castel Sant'Angelo stattfand. An diesem Tag fanden Beatrice Cenci, ihr Bruder Giacomo und ihre Stiefmutter Lucrezia den Tod. Damit war ein Kriminalfall zu Ende, der noch jahrhundertelang nachwirkte und Schriftsteller wie Stendhal, Dumas und Shelley inspirierte. Es ist die Geschichte eines jungen Mädchens, eines gewalttätigen Vaters und eines ungeklärten Todes. Besagter Vater – Francesco Cenci – wurde eines Tages tot aufgefunden, und zwar im Garten unter seinem Balkon. Die obligatorische kirchliche Trauerfeier und ein Begräbnis fanden statt. Doch statt der Ruhe, die damit einkehren sollte, kamen Gerüchte auf, sodass die Behörden *per fama,* aufgrund eines Verdachts, zu ermitteln begannen und eine Reihe ungeklärter Indizien sammelten. Schließlich verhaftete man einen Hausangestellten, der angesichts der Folterwerkzeuge, die man ihm vorführte, den ganzen Vorfall gestand: dass der Alte seine Frau und seine Tochter eingesperrt hatte, dass er die

---

GIOVANNI BATTISTA BUGATTI wurde im römischen Dialekt Mastro Titta genannt und übte den Beruf eines *maestro di giustizia* – Meister der Gerechtigkeit — aus: Mastro Titta war der berühmteste Scharfrichter des Kirchenstaates und waltete seines Amtes von 1796 bis 1864. Hatte der *maestro* seine Patienten – wie er die Verurteilten nannte – anfänglich am Seil erhängt oder mit der Axt enthauptet, wurde mit der französischen Besatzungsmacht die Guillotine eingeführt. Das erste Todesurteil, das Mastro Titta mit diesem modernen Gerät vollstreckte, betraf eine Frau, die ihren Ehemann vergiftet hatte, nachdem sie ihn mit einem Liebhaber erwischt hatte. Mastro Titta war eine Berühmtheit in Rom. Er wohnte im ☞ Vicolo del Campanile im Borgo und überquerte den Tiber lediglich aus beruflichen Gründen. *Mastro Titta passa ponte* bedeutete: Wenn Mastro Titta über die Brücke ging, stand eine Hinrichtung bevor. Der englische Dichter Lord Byron wurde 1817 Zeuge der Hinrichtung dreier Räuber auf der ☞ Piazza del Popolo, die er minutiös in einem Brief an seinen Verleger John Murray beschrieb. Eine andere Exekution, sie fand am 8. März 1844 statt, schilderte Charles Dickens in seiner Reisebeschreibung *Pictures of Italy.* Nach seiner Pensionierung übernahm Mastro Tittas Amt sein ehemaliger Assistent Vincenzo Balducci, der 1868 die letzte Hinrichtung im Kirchenstaat exekutierte.

beiden missbraucht und geschlagen hatte, dass sie gemeinsam mit dem Bruder Beatrices den Plan gefasst hatten, dem Alten Opium in den Wein zu mischen, ihn damit in einen tiefen Schlaf zu schicken, um ihn schließlich zu erschlagen und aus dem Fenster zu werfen, damit es wie ein Unfall aussähe. Doch es ging alles schief. Das Opium war zu schwach bemessen, sodass der Mord zu einem unappetitlich blutigen Gemetzel wurde.

Die Geschwister und ihre Stiefmutter blieben dennoch bei ihrer Version und beteuerten ihre Unschuld. Sie wähnten sich sicher, da sie als Adelige nicht gefoltert werden durften. Doch schließlich war es Papst Clemens VIII. selbst, der mit einem *motu proprio* das Tribunal ermächtigte, auch Beatrice, Giacomo und Lucrezia zu foltern. Sogar der jüngste, noch minderjährige Bruder, Bernardo, wurde vorgeführt und befragt. Letzten Endes gestanden alle unter der *tortura della corda,* der Seilfolter, der auch die elastischen Schultergelenke eines jungen Menschen nicht standhalten können und deren Dauer nach der Länge von Gebeten bemessen wurde.

Der Prozess fand im ☞ Corte Savella in der heutigen Via Monserrato 42 statt, dem Gerichtsgebäude der gleichnamigen Marschallsfamilie, die hier seit 1375 über gewöhnliche Strafsachen richtete. Ein Richter, zwei Notare, ein *bargello* – Hauptmann –, ein Gefängniswärter und ein Urteilsvollstrecker: Gericht und Gefängnis der Savella waren straff organisiert und arbeiteten effektiv, bis die Familie ihre Agenden an die Carceri Nuove übergeben musste.

Ihr Ende fanden die Cenci auf verschiedene Weise: Beatrice und Lucrezia starben auf dem Schafott, Giacomo hingegen wurde der Mazzolata unterworfen, die in Italien sogar im 19. Jh. noch praktiziert wurde: mit einem Prügel erschlagen und danach gevierteilt. Nach dem Tod der drei ging das Gerücht um, der Papst habe die Exekution befohlen, um an den Besitz der Cenci zu kommen. Ein Gerücht mit einem

Körnchen Wahrheit? Nur wenige Monate nach der Hinrichtung ließ jedenfalls Clemens VIII. den Löwenanteil des Cenci'schen Besitzes durch einen Neffen ersteigern. Weniger vom Glück begünstigt waren die Henker der Cenci: Der eine starb, von Albträumen und Schuldgefühlen gequält, nur zwei Wochen nach der Hinrichtung, der andere wurde einen Monat später bei der Porta Castello ermordet.

Weitaus eindeutiger stellte sich die Rechtslage bei Giulia Mangiardi und ihren »Kolleginnen« dar. Giulia Mangiardi ging in die Geschichte als erfolgreichste Giftmischerin des 17. Jh. ein. Sie kam 1624 aus Palermo nach Rom, wo sie das berüchtigte Aqua Tofana verkaufte, ein klares, geschmackloses, dafür absolut tödliches Gift, das sie zwar als ihre Erfindung anpries, das jedoch offenbar in ganz Europa bekannt war, denn sogar Liselotte von der Pfalz kannte es und bezeichnete es scherzhaft als *poudre de succession* (Thronfolgepulver). Normalerweise verkaufte Giulia Mangiardi das Gift in kleinen Dosen. Einmal machte sie eine Ausnahme und unterwies eine Giovanna de Grandis in der Kunst, das Gift zuzubereiten, und diese wiederum beteiligte ihre Stieftochter an dem einträglichen Geschäft. Schließlich wurden sie alle erwischt und in das Gefängnis Tor di Nona, das in einem alten Geschlechterturm der Orsini am Ufer des Tibers untergebracht war, geworfen. Die Verhöre und Untersuchungen förderten Unerhörtes zutage: Zahlreiche Adelige und Damen aus gutem Hause waren Kundinnen der Giftmischerinnen gewesen und hatten wahlweise Neffen, Cousins, Väter oder Ehemänner ermordet. Wer von höherem Stand war, kam davon, alle anderen wurden verurteilt, zum Teil ins Exil geschickt, zum größten Teil aber hingerichtet. Giulia Mangiardi, die Urheberin, war allerdings bereits acht Jahre zuvor eines natürlichen Todes gestorben. Das berüchtigte Tor-di-Nona-Gefängnis gibt es heute nicht mehr. An seiner Stelle stand später das Teatro Apollo, in dem Giuseppe Verdis *Il Trovatore* und *Un Ballo in Maschera* uraufgeführt wurden. Auch dieses Theater ist nur noch eine Erinnerung, die durch ein ☞ Denkmal am Lungotevere Tor di Nona wachgehalten wird. Und am Ende des Zweiten Weltkriegs befand sich hier das Zentrum des Schwarzmarkts.

Wem gehört Rom?

Es waren vor allem Schenkungen, die das *Patrimonium Petri* ab dem 4. Jh. anwachsen ließen. Zuerst waren es einzelne Güter in Süd- und Mittelitalien, bis mit der Schenkung von Sutri – eine Veteranensiedlung zur Zeit der Römischen Republik, heute eine Gemeinde in der Provinz Viterbo – im Jahr 728 durch einen Langobardenkönig der Kirchenstaat Form anzunehmen begann. Dass die beiden berühmtesten Schenkungen – die *Konstantinische* und die *Pippinsche* – wahrscheinlich Fälschungen waren, davon war bereits weiter oben die Rede. Ungeachtet dessen gelang es den Päpsten nach und nach, Herzogtümer und Gebiete dem kirchlichen Besitz einzuverleiben: Spoleto kam 1201 dazu, zwölf Jahre danach erkannte Kaiser Friedrich II. den Kirchenstaat offiziell an.

In den folgenden Jahrhunderten dehnten sich sowohl die weltliche Macht als auch die territorialen Besitzungen des Papsttums aus – trotz Schisma, trotz Mehrfachbesetzung des Papstthrones in Rom, in Avignon oder in Pisa. An ihrem Zenith war die territoriale Herrschaft des Kirchenstaates im 15. Jh., als unter anderem Parma, Bologna, Ferrara und Perugia hinzukamen, bis schließlich der Höhepunkt der Macht mit der Regentschaft Papst Julius' II. erreicht war. Julius II., dem der Vatikan die Schweizergarde zu verdanken hat, war der vielleicht kampfeslustigste Papst und ging vor allem als italienischer Territorialfürst in die Geschichte ein (und natürlich aufgrund seiner fast unmenschlichen Forderungen an Michelangelo Buonarroti, der verzweifelt Übermenschliches leistete). Er zog 1509

PIUS IX. Der am längsten regierende Papst erlebte Revolutionen, die Vereinigung Italiens unter einem König und die Entmachtung seiner säkularen Ansprüche. In der Zeit Pius' IX. wurde der ☞ Quirinalspalast durch den ☞ Vatikan als Papstresidenz ersetzt. Unter seinem Pontifikat wurde das letzte Mal die Todesstrafe im Kirchenstaat verhängt und exekutiert, und zwar 1868 gegen mehrere Spione. Darüber hinaus ließ er 1850 das ☞ jüdische Ghetto, das sich längst aufgelöst hatte, wieder installieren und setzte den Talmud auf den Index verbotener Bücher. Besondere Abscheu jedoch rief die von ihm verteidigte Entführung Edgardo Mortaras hervor: Der Sohn jüdischer Eltern wurde 1857 von einem christlichen Dienstmädchen während einer Krankheit notgetauft. Da laut Kirchengesetz getaufte Kinder nicht von Juden erzogen werden durften, wurde er von der päpstlichen Polizei als Sechsjähriger von zu Hause entführt und in ein Katechumenenhaus gebracht. Die Eltern kämpften vergeblich um ihr Kind. Der Fall zog weite Kreise, selbst Regierungen intervenierten für die Eltern. Letzten Endes schadete sich die Kirche mit ihrer Gnadenlosigkeit selbst am meisten: Der Fall Edgardo Mortara stand am Beginn der endgültigen Trennung von Kirche und Staat.

---

gegen Venedig ins Feld und eroberte 1512 die Romagna für den Kirchenstaat zurück, und er kämpfte im Verband der Heiligen Liga erfolgreich gegen die Franzosen in Norditalien.

Rom blieb dabei das Haupt der christlichen Welt. Ein von der Kurie eingesetzter Gouverneur kümmerte sich gemeinsam mit der *Camera Capitolina* um die Verwaltung und die Rechtsprechung in der Stadt, die ansonsten von den adeligen Familien dominiert wurde, aus denen sich zumeist auch der hohe Klerus rekrutierte.

Mit Napoleon veränderte sich alles. Im Ersten Koalitionskrieg 1796 verlor der Kirchenstaat Territorien und Einflussbereiche, 1798 wurde in Rom die Römische Republik ausgerufen und der Kirchenstaat aufgelöst. Drei Jahre später wurde er wiederhergestellt und ein Konkordat mit Napoleon geschlossen, ein Ausgleich, im Zuge dessen sich der Papst einverstanden erklärte, Napoleons Kaiserkrönung in Paris beizuwohnen. Politische Uneinigkeiten zwischen dem Kaiser der Franzosen und dem Papst führten 1809 dazu, dass Napoleon Rom wieder besetzen ließ und darüber hinaus erklärte, die weltliche Macht des Papstes sei zu Ende, nur die geistliche würde weiterbestehen. Pius VII. reagierte erwartungsgemäß erbost, sprach über alle, die sich Napoleons Meinung anschlossen, den Bann aus – und wurde kurzerhand im ☞ Quirinalspalast verhaftet. Man brachte ihn nach Fontainebleau, wo er bis zu seiner Rückkehr nach Rom 1814 blieb. Pius VII. war ein bemerkenswert mutiger Papst, der sich als Geistlicher weigerte, Partei in einem Krieg zu ergreifen. Für seine Überzeugung soll er sogar in den Hungerstreik getreten sein. Nach einer – nicht verifizierten – Anekdote drohte Napoleon dem Papst, dass er, Napoleon, die Macht besäße, die Kirche zu zerstören. Daraufhin soll Pius VII. mit mildem Lächeln geantwortet haben, dass dies zweihundert Päpste vor ihm nicht geschafft hätten – warum also sollte das gerade Napoleon gelingen?

Einer der unzähligen und dennoch immer wieder erstaunlichen Blicke über Roms Dächer hinweg auf die Kuppel des Petersdoms.

Das Rom der Restauration nach dem Wiener Kongress hatte einen denkbar schlechten Ruf als korrupter Polizeistaat. Giacomo Puccinis Oper *Tosca* mag dafür als bühnenwirksames Beispiel dienen. Diese Missstände (und andere) führten, so wie überall in Europa, in die Revolutionen von 1848, die auch an Rom nicht spurlos vorübergingen: Der Papst floh wieder einmal, die Revolutionäre riefen die Römische Republik aus. Ihre Lebenszeit umspannte gerade einmal fünf Monate. Doch auch der Kirchenstaat konnte sich nicht mehr mit der alten Macht etablieren, denn mittlerweile bemühten sich Giuseppe Garibaldi und seine Mitstreiter um die Einheit Italiens. 1870 war es so weit: König Viktor Emanuel II. marschierte in Rom ein, proklamierte es zur Hauptstadt Italiens und entmachtete den Papst politisch. Pius IX. – der durch 31 Jahre das längste Pontifikat der Geschichte bestritt – zog sich in die Vatikanstadt zurück, wo er sich als Gefangener betrachtete.

Die *Römische Frage* blieb jahrelang offen: Welchen Status hat die Stadt Rom? Welchen das Territorium des ehemaligen Kirchenstaates und des Vatikans? Der Kirchenstaat ging bereits 1870 im neuen Staat Italien auf, was so gut wie alle ausländischen Staaten stillschweigend anerkannten. Endgültig geklärt wurden die offenen Fragen 1929 mit den *Lateranverträgen* zwischen Papst Pius XI. und der faschistischen Regierung Italiens unter Benito Mussolini: Die Stadt Rom wurde damit endgültig als Hauptstadt und Sitz der italienischen Regierung durch den Heiligen Stuhl anerkannt, der Vatikan – mit 0,44 km^2 der kleinste Staat der Erde – erhielt im Gegenzug politische und territoriale Souveränität.

DIE GUTE SCHÖNE WARE

Begabte Fälscher, habgierige Räuber und reisende Juristen

Die Gegenreformation, die mit dem Konzil von Trient ab 1545 ihren Anfang nahm, forderte fromme Sittlichkeit in allen Belangen. Von Clemens VIII. heißt es, er habe nicht nur die Prostituierten mittels päpstlicher Verordnungen in ihren Geschäften eingeschränkt, sondern auch Kircheninspektionen veranlasst, ja sogar zum Teil sogar selbst unternommen: Ippolito Aldobrandini, so der bürgerliche Name des Papstes, der Giordano Bruno 1600 hatte hinrichten lassen, wollte sich selbst davon überzeugen, dass nichts Anstößiges mehr in den Kirchen zu sehen war. Gemälde allzu freizügiger Darstellungen der Maria Magdalena waren ihm dabei ebenso ein Dorn im Auge wie jegliche *Verzückung der hl. Theresa,* bei deren Anblick nie genau auszumachen ist, was der eigentliche Auslöser von deren Euphorie ist. Pars pro toto sei ein Besuch der ☞ Cornaro-Kapelle der römischen Kirche ☞ S. Maria della Vittoria empfohlen, wo sich die meisterliche *hl. Theresa* Gian Lorenzo Berninis befindet, die bei vielen Betrachtern so manche der neuen Schicklichkeit der Kirche widersprechende Konnotation entstehen ließ. Wie sehr man sich nun bemühte, der Welt ein Vorbild zu sein, wird auch aus der Anweisung Papst Pius' IV. ersichtlich, der Michelangelo Buonarrotis Nackte in der ☞ Sixtinischen Kapelle »bekleiden« ließ: Daniele da Volterra, ehemaliger Assistent des Meisters, wurde engagiert, um 1565, im Jahr nach Michelangelos Tod, die »schamhaften Stellen« der abgebildeten Figuren im *Jüngsten Gericht* zu übermalen. Der bedauernswerte Mann ging als *braghettone,* Hosenmaler, in die Geschichte ein.

Okeanos Der göttliche Vater aller Flüsse dieser Welt dominiert Roms weltberühmten Trevi-Brunnen. Tag für Tag wird dieses barocke Meisterwerk von 80 Millionen Liter Wasser gespeist. Es fließt aus den Sabiner Bergen durch die Acqua Vergine, ein seit über zweitausend Jahren funktionstüchtiges Aquädukt.

Besonders hart aber trafen die neuen Sittlichkeitsanforderungen die Kurtisanen Roms. Sie hatten ihre Blütezeit während der Renaissance erlebt, waren geliebt und hofiert, oft hochgebildet und begabt, spielten Instrumente, schrieben Gedichte und lebten ein vergleichsweise freies und unabhängiges Leben. Bis zu einem gewissen Grad zumindest, denn ob Ehefrau, Tochter oder Kurtisane: Ein besonders großer Stellenwert kam dem weiblichen Geschlecht damals offiziell bekanntlich nicht zu, und letzten Endes waren auch Kurtisanen von ihren Gefährten – ob Kardinal oder Adeliger – abhängig.

Ihren Anfang nahm die Kultur der Kurtisanen mit dem Zweiten Laterankonzil, als Papst Innozenz II. 1139 verkündete, die sei Ehe ein Hinderungsgrund für kirchliche Weihen. Wer Ehrgeiz hatte und in der Kirchenhierarchie aufsteigen wollte, musste also unverheiratet bleiben, aber eben nicht unbedingt ohne Gefährtin. Immer wieder versuchte die Kirche, ihre Geistlichen zur Trennung von deren Geliebten zu bewegen, doch selbst unter Androhung härtester Strafen gelang dies nie vollends.

Auf einem Tiefpunkt klerikaler Moral unter dem Borgia-Papst Alexander VI. florierte sogar ein päpstlicher Bordellbetrieb in der Nähe des ☞ Ponte Sisto. Überliefert ist dieses Bordell aufgrund erhaltener Verwaltungsakte. Päpstliche Beamte hatten das Amt des *Capitaneus Prostibuli de Ponte Sixto* vergeben und genehmigten diesem Bordellvorsteher auch, eine Abgabe von den Prostituierten einzuheben sowie ein Gasthaus im Bordell zu führen. Den Gewinn aus Gasthaus und Bordell teilten sich Kirche und *Capitaneus* prozentuell.

Die Kurtisanen Roms waren vielfach bewunderte Damen, die sich offen durch die Stadt bewegten, Feste gaben, Einladungen folgten und Reisende erstaunten. Joachim du Bellay, ein französischer Lyriker, der sich Mitte des 16. Jh. in Rom aufhielt, wunderte sich, wie Kurtisanen »allen offenbar« in Kutschen durch die Stadt fuhren, »stolz zu Pferde« saßen und

Angeblich ein Abbild Imperia Cognatis, einer der berühmtesten Kurtisanen im päpstlichen Rom an der Wende vom 15. zum 16. Jh. Raffael hat die Cognati unter anderem auf einem Fresko in der ☞ Stanza della Segnatura im Vatikan als antike Dichterin Sappho (links) verewigt. Zu Cognatis Liebhabern oder wenigstens Galanen zählten nicht nur der Bankier Agostino Chigi und eben der einzigartige Raffaello Santi, sondern auch Tommaso Inghirami, päpstlicher Bibliothekar, und Angelo Colocci, Sekretär Papst Leos X.

»ohne Scheu turtelnd am helllichten Tag Kardinälen in purpurner Tracht im Arme lagen«. Manche Kurtisanen wurden berühmt, auch wenn die Biografien überaus lückenhaft sind. Eine dieser außergewöhnlichen Frauen war Imperia Cognati, die Geliebte Agostino Chigis. Dieser, ein aus Siena stammender Bankier und Mäzen, war ein Feind der Borgia und ein Freund der della Rovere und Medici, also half er sowohl Julius II. als auch Leo X. auf den Papstthron. Chigi, der vom römischen Adel als Parvenü betrachtet wurde, war eng mit Raffael befreundet, der ihm mit den Fresken in der ☞ Villa Farnesina und den ☞ Chigi-Kapellen in den Kirchen ☞ S. Maria della Pace und ☞ S. Maria del Popolo Denkmäler setzte. Und dies nicht nur dem Bankier, sondern auch der Cognati, die Raffael, so heißt es, oft Modell saß, darunter für ein Porträt der Sappho in den vatikanischen ☞ Stanzen des Raffael und für die Galatea in der ☞ Villa Farnesina. Eine andere Berühmtheit unter den Kurtisanen war Tullia d'Aragona, die man guten Gewissens als eine der ersten Salonnièren Europas bezeichnen darf und die selbst eine talentierte Dichterin war.

LA CORTIGIANA ONESTA Rom ist vielleicht die einzige Stadt der Welt, die einen Platz nach einer berühmten *cortigiana onesta,* einer ehrbaren Kurtisane, benannt hat: Auf der ☞ Piazza Fiammetta zwischen Piazza Navona und Tiber steht an der Ecke von Via Maschera d'Oro und Via degli Acquasparta eine reizende Villa aus dem 15. Jh. Sie gehörte Fiammetta Michaelis, einer florentinischen Kurtisane, zu deren Geliebten Cesare Borgia zählte. Begraben wurde sie in der nahen Kirche ☞ S. Agostino, doch von ihrem Grab gibt es heute keine Spuren mehr.

Der Niedergang kam Mitte des 16. Jh. mit Papst Julius III., der den Kurtisanen die Verwendung von Kutschen verbot. Angeblich verdiente die Kurie an den Strafzahlungen für die Übertretung dieses Verbots so gut wie an keiner anderen. Pius V. schließlich ordnete sogar ein abgezirkeltes Ghetto an, in das er die Kurtisanen des Adels und seiner Kardinäle ebenso steckte wie die Straßenprostituierten. Eigentlich hatte er dabei an Trastevere gedacht, doch da sich die dort lebenden Menschen weigerten, ihr Stadtviertel zu verlassen, machte er das L'Ortaccio-Viertel zum neuen Prostituierten-Ghetto: Ein schmales Rechteck auf dem Campo Marzio, das sich von der ☞ Piazza Monte d'Oro bis zum Tiber erstreckte. 1569 wurde mit dem Bau einer Mauer um diese Enklave begonnen, deren Tore streng bewacht wurden.

Das Ghetto hatte keinen allzu langen Bestand, aber dennoch gelang es dem plötzlich so sittsam gewordenen Klerus, den Kurtisanen das Leben schwer zu machen. Unter Clemens VIII. mussten Kurtisanen und Prostituierte gelbe Ärmel tragen, damit man sie von ehrbaren Frauen unterscheiden konnte, und vor den Häusern wohlhabender Kurtisanen wurden Pflöcke in den Boden getrieben, die verhinderten, dass Kutschen zufahren konnten. Man setzte nun alles dran, den anrüchigen Spitznamen wieder loszuwerden: Aus *Roma caput mundi* – Rom, das Haupt der Welt – war im Volksmund angesichts der hohen Anzahl von Prostituierten und Kurtisanen der »Schwanz der Welt« geworden: *Roma cauda mundi.*

Mörder, Fälscher und Poeten

»Ihr müsst wissen«, erklärte Papst Paul III., »dass Männer wie Benvenuto, die einzig in ihrer Kunst sind, sich an die Gesetze nicht zu binden haben.« Benvenuto Cellini (1500–1571) konnte froh sein, dass er mit diesem Papst auf einen Bewunderer getroffen war, denn so einfach kam man in Rom normalerweise mit Mord nicht davon. Es waren sogar zwei Morde, die Cellini in seiner Autobiografie auch selbst gestand. (Er erzählte genaugenommen von ganzen drei Morden; der dritte allerdings fand in Siena statt.) Aber auch sonst geriet der geniale Goldschmied und Bildhauer ständig mit den herrschenden Gesetzen in Konflikt: Körperverletzung, Sodomie, Diebstahl – die Gerichtstermine dürften häufig gewesen sein, und einmal wurde über Cellini dann doch die Todesstrafe verhängt. Doch offenbar war der Farnese-Papst von all dem herrlichen Geschmeide, das Cellini für ihn anfertigte, so angetan, dass er auf seinen florentinischen Goldschmied keinesfalls verzichten wollte.

Seit Jahrhunderten bewundert die Nachwelt Cellini für das prächtigste Salzfass der Geschichte, für einen makellosen, perfekt gegossenen Perseus – ja überhaupt für seine Genialität als Bildhauer, Goldschmied und Zeichner. Doch die postum publizierte Autobiografie des aus Florenz stammenden und sehr von sich selbst überzeugten Künstlers erzählt noch von anderen Facetten. Von seiner Lust am Kampf, als er während des Sacco di Roma Geschützstellungen auf der ☞ Engelsburg übernahm und von der Brüstung aus einen der Heerführer erschoss. Von seinem ersten Mord, den er beging, um seinen Bruder zu rächen. Dieser war als Soldat in Rom gewesen und auf offener Straße erschlagen worden. Cellini lauerte dem Mörder auf und erdolchte ihn hinterrücks. An der Schilderung, wie er den Dolch in den Nacken des Opfers stach, so tief, dass er ihn kaum wieder herausziehen konnte, und dass der Mord für ihn selbst mehr Heilung einer kreativen Blockade denn Rache war, könnte sich mancher psychoanalytisch interessierte Thriller-Autor ein Beispiel nehmen. Nach diesem Mord verbarg Cellini sich bei einem Freund, der nahe der ☞ Piazza Navona wohnte. 1534, Cellini besaß mittlerweile selbst eine Werkstatt in der heutigen ☞ Via dei Banchi Nuovi, beging er seinen zweiten Mord, und zwar an einem Widersacher namens Pompeo de' Capitaneis aus Mailand, der ihn eine Weile zuvor beim Papst für Verbrechen denunziert hatte, derer sich Cellini ausnahmsweise wirklich nicht schuldig gemacht hatte. Ein Freibrief des Papstes rettete ihn auch aus dieser heiklen Situation. Drei Jahre später saß er trotzdem für ganze zwei Jahre in den Verliesen der ☞ Engelsburg, weil er angeblich wertvolle Edelsteine aus dem päpstlichen Schatz gestohlen haben sollte. Ein Fluchtversuch scheiterte, zur Strafe ließ man ihn in das fensterlose Verlies mit dem Namen *lo sfiatatoio* hinab, aber zu einer Anklage kam es nie. Stattdessen ging Cellini nach Frankreich, kehrte Jahre später nach Italien zurück, konnte in Rom jedoch nicht mehr Fuß fassen. Seine stellenweise erschreckend grausame Autobiografie jedoch zog weite Kreise. Selbst Goethe befasste sich mit dem Lebensbericht dieses Genies, das gleichzeitig ein Monster war, und gab 1803 eine freie Übersetzung des Textes heraus.

SBIRRI wurden die Polizisten im Kirchenstaat genannt. Doch die *sbirri* waren nicht nur Polizisten, sondern auch Gerichtsdiener, notfalls Spitzel, manchmal Vollzugsbeamte und Häscher, in manchen Fällen auch schützende Wachmänner. Das Wort stammt von dem lateinischen *birrus,* ein Kapuzenmantel, oder *burrus,* für rötlich, Rotkopf, was möglicherweise daran liegt, dass die *sbirri* anfangs rote Umhänge mit Kapuze trugen. In dieser Zeichnung von Johann Heinrich Wilhelm Tischbein, Maler und Gastgeber Goethes, begutachtet ein *sbirro* den Tatort eines Mordfalles.

Ende des 16. Jh., als Cellini starb und im selben Jahr Michelangelo Merisi da Caravaggio (1571–1610) zur Welt kam, war Rom »kaum mehr als ein Dorf mit verstreuten Ansammlungen majestätischer Ruinen, in dem die Herden grasten«, wie Corrado Augias schrieb. Beeindruckende Paläste erhoben sich gleich Monolithen zwischen einfachen kleinen Häusern, in denen die Mehrzahl der rund 100.000 Einwohner lebte. »Trostlosigkeit und Einsamkeit«, schrieb der englische Jesuitenpater Gregory Martin in einem Brief 1581, würden herrschen, wo einst »die ganze Schönheit auf den sieben Hügeln lag«. Es gab nichts außer »gute[n] und heilige[n] Kirchen«, woraus Martin den Schluss zog, »das Reich Christi« habe »das Reich des Satans umgestoßen«.

Das jedoch schien nicht restlos gelungen, denn das Leben in Rom war gefährlich und gewalttätig. *Chi va la notte, va a morte,* hieß es noch im 19. Jh. und hieß es ganz besonders jetzt, um die Wende vom 16. zum 17. Jh.: Wer nachts ausgeht, begegnet dem Tod. Anständige Leute vermieden es, nach Einbruch der Dunkelheit das Haus zu verlassen. Wer das Abenteuer suchte oder andere nicht ganz lautere Absichten hatte, den kümmerte das offizielle Waffenverbot überhaupt nicht. Denn wer ohne Degen und Dolch abends das Haus verließ, musste lebensmüde sein. Lichtscheues Gesindel, Pilger und Glücksritter aus aller Herren Länder, Künstler – alle auf der Suche nach Zerstreuung und Abenteuer, selbst wenn man dabei sein Leben riskierte – trafen sich in den zahlreichen Gastwirtschaften Roms. Viele befanden sich auf der heutigen ☞ Piazza di Spagna am Fuß einer steilen Wiese, an deren oberem Ende die Kirche ☞ Ss. Trinità dei Monti thronte, die meisten anderen zwischen ☞ jüdischem Ghetto und ☞ Kapitol. Damengesellschaft gab es in den Spelunken, wer aber ein Bordell suchte, der fand gleich mehrere rund um das ☞ Augustus-Mausoleum an der Via Ripetta.

Rom war aber noch mehr: Es war das Mekka der Künstler, denn all die Kardinäle, die Nepoten der Päpste, die Adeligen in ihren neuen Palästen, die Prälaten und Bankiers gierten geradezu nach Kunst, um ihrem sozialen Status adäquaten Ausdruck zu verleihen. Die Gegenreformation blühte und mit ihr neue Formensprachen wie Manierismus und natürlich der dramatisch-theatralische Barock.

In dieses Rom kam 1592 Caravaggio, wurde Lehrling im Atelier Giuseppe Cesaris in der Nähe der ☞ Piazza della Torretta und war hier zuständig für das Malen von Blumen und Früchten. Bereits im ersten Jahr verletzte er sich bei einer Schlägerei oder einem Unfall so schwer am Bein, dass er für eine ganze Weile im Ospedale Santa Maria della Consolazione (woran heute noch die Kirche ☞ S. Maria della Consolazione erinnert) seine Wunden ausheilen musste. Doch immerhin, er hatte in der Werkstatt gute Freunde gefunden. Allen voran Onorio Longhi, Architekt, Doktor beider Rechte und von ähnlich aufbrausendem Temperament wie Caravaggio. Longhi galt als polizeibekannter Randalierer, Caravaggio bald ebenfalls: Vieles von dem, was man über sein Leben in Rom weiß, stammt aus Polizeiakten. Festgehalten ist darin unter anderem, dass er wiederholt auf der ☞ Piazza Navona wegen illegalen Waffenbesitzes verhaftet wurde. Das Leben, das Caravaggio im Rom des frühen 17. Jh. führte, mag für seine Gegenwart nicht allzu ungewöhnlich gewesen sein. Für uns Nachgeborene klingt es gefährlich, extravagant, ein wenig exzessiv und in jedem Fall geprägt von der in Rom allgegenwärtigen Gewalt. Da ist von Prügeleien die Rede, von Ausfälligkeiten gegenüber den Behörden, von Ärger in Gastwirtschaften, bei denen einem Kellner schon einmal ein Teller Artischocken um die Ohren flog.

Um 1594 hatte sich Caravaggio selbstständig gemacht, war dank der Vermittlung eines anderen Freundes in die Malerbruderschaft Accademia di San Luca eingetreten, deren Vorsitzender Kardinal Francesco Maria del Monte war. Für Caravaggio bedeutete das den Wendepunkt: Er erhielt zuerst im ☞ Palazzo

PALAZZO MADAMA Benannt ist dieser im 15. Jh. von den Medici errichtete Palazzo auf der ☞ Piazza Madama nach einer seiner Bewohnerinnen: Margarethe von Parma, uneheliche Tochter Kaiser Karls V. und in Italien Madama d'Austria genannt. Margarethe war in erster Ehe mit Alessandro de'Medici verheiratet, bis dieser in Florenz ermordet wurde. Nach mehreren Besitzern erwarb die Kurie das Gebäude und brachte hier den päpstlichen Gerichtshof und verschiedene Behörden unter. 1871 übernahm der neue Staat den Palazzo und machte ihn zum Sitz des italienischen Senats, was er auch heute noch ist.

Madama des Kardinals Kost und Logis und zog etwa sechs Jahre später in den ☞ Palazzo Mattei di Giove, die prächtige Residenz des gleichnamigen Kardinals. Die Namen der nun zahlreichen Auftraggeber stammen samt und sonders aus dem römisch-klerikalen Hochadel, und als auch Aufträge von Kirchen dazukamen, wurde Caravaggio schnell zur römischen Berühmtheit.

Die Inspirationen für seine außergewöhnlichen Gemälde holte er sich allerdings nicht in den Palästen seiner Gönner, sondern auf den Straßen, den Plätzen und in den Spelunken Roms. So wurden viele seiner Bilder zu veritablen Skandalen – Madonnen, für die Prostituierte Modell standen; Pilger, die er den allgegenwärtigen Bettlern nachempfand; ein Marientod, auf dem der Leichnam aussieht, als sei er eben aus dem Tiber gefischt worden. Caravaggio malte, was er jeden Tag sah. Mit großer Sicherheit war er Zeuge der Enthauptung Beatrice Cencis und ihrer Stiefmutter, wo er mit Orazio Gentileschi und dessen Tochter Artemisia in der Menge stand. Sowohl Caravaggio als auch Artemisia Gentileschi griffen das Thema des Mords an einem Gewalttäter durch zwei Frauen auf und schufen enorm

Im Hintergrund links in dem Gemälde *Martyrium des hl. Matthäus* ist dieses Porträt eines Unbekannten zu erkennen. Man nimmt an, dass es sich dabei um ein Selbstbildnis Caravaggios handelt.

CARAVAGGIOS CHIAROSCURO In Rom gibt es eine ganze Reihe von Gemälden Caravaggios zu sehen. Den *Kranken Bacchus* (möglicherweise ein Selbstporträt aus der Zeit seines Krankenhausaufenthaltes) beispielsweise in der ☞ Galleria Borghese, seinen *Narziss* und das berühmte *Judith und Holofernes* im ☞ Palazzo Barberini. Ein ungewöhnliches Vergnügen jedoch ist ein Spaziergang zu jenen Kirchen, in denen Meisterwerke des Künstlers hängen. Da der Eintritt in alle Kirchen Roms grundsätzlich kostenlos ist, schont diese *passeggiata d'arte* die Urlaubskasse, allerdings sollte man sich zuvor über die Öffnungszeiten informieren. Beginnen könnte man mit der Kirche ☞ S. Maria del Popolo auf der Piazza del Popolo, wo sich neben zahlreichen anderen sehenswerten Kunstwerken in der Cerasi-Kapelle links vom Hauptaltar sowohl die *Kreuzigung des hl. Petrus* als auch die *Bekehrung des hl. Paulus* befinden. Als nächster Halt empfiehlt sich ☞ S. Luigi dei Francesi neben dem ☞ Palazzo Madama. Hier finden sich in der Contarelli-Kapelle gleich drei Altargemälde Caravaggios: die epochale *Berufung des hl. Matthäus,* das *Martyrium des hl. Matthäus* sowie *Matthäus und der Engel.* Die letzte Station schließlich befindet sich nur wenige Schritte entfernt: In der ☞ Basilica Sant'Agostino hängt, in der Cavalletti-Kapelle, die berührende *Madonna dei Pellegrini.* Modell für diese Madonna war eine Prostituierte namens Maddalena Antognetti, genannt Lena. Sie war auch Modell für den *Tod Mariens,* ein so kraftvoll-realistisches Gemälde, dass die Karmeliterpatres von ☞ S. Maria della Scala in ☞ Trastevere es entsetzt ablehnten. Das Bild hängt nach einer langen Odyssee heute im Pariser Louvre.

---

realistische Darstellungen zur Erzählung von Judith, ihrer Magd und dem Kopf des Holofernes.

Für Caravaggio, der das Chiaroscuro, das Spiel aus Licht und Schatten, beherrschte wie kaum ein anderer, endete die Zeit in Rom mit einem herben Gerichtsurteil. Am 28. Mai 1606 war er mit seinem Freund Onorio Longhi irgendwo zwischen der heutigen ☞ Via della Scrofa und der ☞ Piazza di Firenze in eine Auseinandersetzung mit Ranuccio Tomassoni, Sohn des Kommandanten der ☞ Engelsburg, geraten. Der Streit mündete in eine Schlägerei, die Schlägerei in einen Schwertkampf, und am Schluss war Tomassoni so schwer verletzt, dass er seinen Wunden erlag. Am nächsten Tag verließ Caravaggio seine Wohnung im ☞ Vicolo del Divino Amore und floh Hals über Kopf aus der Stadt. In Abwesenheit wurde er möglicherweise sogar zum Tod verurteilt, sicher aber wurde er mit dem *bando capitale* belegt. Damit war Caravaggio vogelfrei, und jeder aus dem Kirchenstaat durfte ihn straffrei töten.

Die letzten vier Jahre seines Lebens verbrachte Caravaggio zuerst in Neapel, danach auf Malta. Dort wurde er sogar Ritter des Malteserordens, musste aber nach einer handgreiflichen Auseinandersetzung ebenfalls fliehen, und zwar nach Sizilien. 1610 erfuhr er, dass er in Rom begnadigt würde. Doch dorthin schaffte er es nicht mehr. Caravaggio starb ein paar Tage, nachdem er in Porto Ercole nördlich von Rom angekommen war. Man hatte ihn mit einem gesuchten Verbrecher verwechselt und ins Gefängnis geworfen. Währenddessen war das Boot mit all seiner Habe davongesegelt. Als Caravaggio verzweifelt am Strand entlanglief, dürfte ihn eine Stechmücke aus einer nahen Lagune mit Malaria infiziert haben, an der er kurze Zeit später starb.

Die skrupellose Lebenslust Caravaggios hat Michelangelo Buonarroti (1475–1564) ganz und gar gefehlt. Er war ein harter Arbeiter – von »seinen« Päpsten bis zum letzten Quäntchen seiner unendlich scheinenden, universalen Schaffenskraft ausgenützt, und ein stiller Bewohner seines Häuschens am Corvi, dem Rabenplatz, der heute den eleganten Namen ☞ Piazza della Madonna di Loreto trägt und direkt vor dem ☞ Trajansforum liegt. Der Schalk jedoch saß zumindest dem jungen Michelangelo durchaus im Nacken. 1496 schuf er aus Marmor einen – leider verschollenen – *Schlafenden Eros,* den er mit großer Virtuosität so behandelte, dass er antik aussah. Da zu jener Zeit antike Statuen zu Höchstpreisen gehandelt wurden, war es kein Problem, den *Eros* zu verkaufen. Der erste Käufer war Kardinal Raffaele Riario, Nepot Sixtus' IV. Ein paar Jahre später fand Riario heraus, dass er – erstaunlich genug für einen Antikensammler – einer Fälschung aufgesessen war, und retournierte die Skulptur an den Kunsthändler. Mittlerweile jedoch war Michelangelo mit seiner *Pietà* zu Roms heißestem Geheimtipp avanciert, weshalb sich die Fälschung nun bestens unter dem Namen ihres wahren Schöpfers verkaufen ließ. Nacheinander waren Cesare Borgia, der Herzog von Urbino und Isabella

---

MARIAS NASE San Pietro in Vaticano, wie der ☞ Petersdom offiziell heißt, ist mit einer Fläche von mehr als 20.000 m^2 und einem Fassungsvermögen von rund 20.000 Menschen eine der größten Kirchen der Welt. Im Verlauf von 120 Jahren (1506–1626) wurde sie über einem Vorgängerbau aus der Zeit Kaiser Konstantins errichtet. Die hervorragendsten Baumeister ihrer Zeit wirkten daran mit, darunter Donato Bramante, Gian Lorenzo Bernini und Michelangelo Buonarroti, dem die Tragekonstruktion der Kuppel zu verdanken ist. Von Michelangelo stammt auch die berühmteste Skulptur im Petersdom, die ☞ *Römische Pietà* – ein zutiefst berührendes Werk, das der Künstler mit gerade einmal dreiundzwanzig Jahren schuf. Am Pfingstsonntag 1972 marschierte der ursprünglich aus Ungarn stammende Australier László Tóth mit einem Vorschlaghammer in den Petersdom, brüllte, er sei Jesus Christus und von den Toten auferstanden, und begann auf die *Pietà* einzuschlagen. Mit 15 Schlägen trennte er Marias Arm am Ellbogen ab, schlug ihre Nase vom Gesicht und zertrümmerte ein Augenlid. Ein mutiger Amerikaner stürzte sich auf Tóth und zog ihn weg. Viele der Besucher, die schreiend herumgestanden waren, betrachteten die abgeschlagenen Marmorteile als günstige Souvenirs. Einige besannen sich und gaben die Bruchstücke zurück. Was verschwunden blieb, war Marias Nase, die man aus einem Stück Marmor aus ihrem Rücken rekonstruieren musste. Zum Schutz umgibt die Skulptur heute Acrylglas – was das Erleben dieses einzigartigen Kunstwerks doch ein wenig steril geraten lässt.

Das Meisterwerk, mit dem ein junger Bildhauer aus Florenz in Rom zum Star wurde: die *Römische Pietà* Michelangelo Buonarrotis.

d'Este Besitzer des *Eros,* bis ihn König Charles I. von England erwarb. Ab diesem Moment verschwand die Figur und ward nie wieder gesehen. Man vermutet, dass sie einem Brand zum Opfer gefallen ist.

Mit einem Zeitsprung über fünf Jahrhunderte zu einem anderen Künstler, der sich so gut wie ausschließlich als Fälscher einen Namen machte: Eric Hebborn, 1934 in London geboren und eigentlich ein begabter Maler, wurde aus Rache zum Fälscher: Er hatte auf einem Flohmarkt ein paar Zeichnungen erworben, verkaufte sie einem Kunsthändler zu einem guten Preis, nur um dann zu entdecken, dass besagter Kunsthändler eben diese Zeichnungen um ein Vielfaches zum Kauf anbot. Solcherart düpiert, begann Hebborn in den späten 1950er-Jahren gezielt zu fälschen – einerseits, um dem Kunsthändler eines auszuwischen, andererseits, um die Kunstwelt insgesamt bloßzustellen. Und Hebborn war gut, sogar unglaublich gut: Mehr als eintausend Bilder unterschiedlicher Stile und Epochen – Mantegna war darunter, Tiepolo, Van Dyck und Piranesi – soll er produziert haben. Dabei fertigte er jedoch nicht Kopien bekannter Werke an, sondern studierte vor allem deren Entwurfsskizzen, sodass er seine Fälschungen – eben oft Entwürfe oder Detailzeichnungen – scheinbar problemlos in die dokumentierte Provenienz einfügen konnte. Hebborn variierte existierende Motive, und das so gekonnt, dass die Museen und Galerien der Welt kauften, ohne Verdacht zu schöpfen. So gelangten Hebborns Arbeiten in die Skizzenkonvolute großer Archive – und dort, unauffindbar zwischen Originalen, liegen möglicherweise heute noch viele der Fälschungen Hebborns. Pikantes Detail am Rande: Hebborn verkaufte lange fast alles über den Kunsthändler, der ihn Jahre zuvor über den Tisch gezogen hatte, und zwar ohne dass dieser etwas ahnte.

Zwanzig Jahre lang liefen die Geschäfte dieses virtuosen Fälschers ausgezeichnet, bis ein Kurator Verdacht schöpfte und

Eine der zauberhaften Gassen in ☞ Trastevere, das sich vom einstigen Geheimtipp längst zum allseits beliebten Hotspot gewandelt hat. Das antike *trans Tiberim,* jenseits des Tibers, ist heute der XIII. Rione und bekannt für seine erstklassige Gastronomie, ein vielseitiges Kulturprogramm und den Flohmarkt an der ☞ Porta Portese. Trastevere war immer das Viertel der einfachen Leute, ein Dorf in der Stadt und Ausgangspunkt jedweder Rebellion gegen die Obrigkeit. Bis Papst Paul IV. 1555 das Ghetto auf der anderen Seite des Tiber anlegen ließ, lebten die Juden vor allem in diesem Stadtviertel, wo es einst rund zehn Synagogen gab. Davon ist nichts mehr übrig, stattdessen haben einige Abteilungen der Römischen Kurie ihren Sitz in Trastevere.

das Ganze aufflog. Ein paar Jahre konnte sich Hebborn noch aus der Affäre ziehen, doch Mitte der 1980er-Jahre wurde es eng, sodass er seine Karten aufdeckte: Er bekannte sich zu den Fälschungen, ohne dass irgendjemand noch jede einzelne finden hätte können. Und er ritt in einem Rundumschlag eine massive Attacke auf die Kunstwelt, deren Experten und deren Gier. Es folgten eine Autobiografie und, als wolle er der Kunstwelt extra noch eine lange Nase drehen, ein *Kunstfälschers Handbuch,* in dem sich exakte Anleitungen finden, wie man beispielsweise Stockflecken oder eine perfekte Krakelüre produziert.

Letzten Endes wurde Hebborn seine Kunstfertigkeit aber doch zum Verhängnis. Bereits als junger Künstler hatte er ein Stipendium für Rom erhalten und blieb der Stadt über die Jahre verbunden, bis er sich schließlich mit seinem Lebenspartner in Rom niederließ. Am 11. Januar 1996 starb *il re dei falsari,* der König der Fälscher, wie ihn die italienischen Zeitungen in ihren Nachrufen nannten, unter ungeklärten Umständen. Er war in ☞ Trastevere, wo er wohnte, in der Gegend zwischen ☞ Piazza Trilussa, ☞ Piazza di San Giovanni della Malva und ☞ Via della Scala unterwegs. Um zwei Uhr morgens verabschiedete er sich von Freunden, um zehn Uhr am Vormittag wurde er mit eingeschlagenem Schädel in ein Krankenhaus eingeliefert, wo er bald darauf starb. Was in den acht Stunden dazwischen geschah, ist ein ungelöstes Rätsel. Die Recherchen britischer Dokumentarfilmer förderten zutage, dass Hebborns Wohnung von Unbekannten durchwühlt worden war und dass die Polizei keinerlei Ermittlungen durchführte. Man nimmt an, dass Hebborn sich – worauf er selbst Hinweise geliefert hatte – mit der Mafia eingelassen hatte und der Mord in diesem Zusammenhang geschah. Doch auch das ist – bislang unbewiesene – Spekulation.

Etwas mehr als zwanzig Jahre vor Hebborns Tod geschah in Rom ein anderer Mord, der ebenfalls unaufgeklärt blieb. Das Opfer war hier allerdings kein zwielichtiger Fälscher, sondern ein Schriftsteller und Filmregisseur von hohem Rang: Pier Paolo Pasolini, geboren 1922 in Bologna, kam 1950 nach Rom. Fünf Jahre später gelang ihm mit dem Roman *Ragazzi di Vita,* in dem er die Menschen und das Milieu der römischen *borgate,* der ärmlichen Vorstädte, in den Mittelpunkt stellte, ein aufsehenerregendes Debüt. Die Kritik aus kirchlichen und politischen Kreisen und eine Anklage, weil er homosexuelle männliche Prostitution

ENDLICH IN ROM! Die Sehnsucht war groß, schrieb er, und erst unter der ☞ Porta del Popolo glaubte er, dass er tatsächlich »in dieser Hauptstadt der Welt angelangt« war: Johann Wolfgang von Goethe, Jurist, Philosoph, Forscher, Minister am Weimarer Hof und mit dem *Werther* längst berühmter Autor, hatte seinen Kuraufenthalt in Karlsbad am 3. September 1786 Hals über Kopf beendet und war, ohne sich von seinen Freunden zu verabschieden, unter dem Pseudonym Johann Philipp Möller nach Italien aufgebrochen. Am 29. Oktober 1786 kam er über die vom Norden in die Stadt führende ☞ Via Flaminia an und bezog ganz in der Nähe der Porta del Popolo ein Zimmer im Haus des Malers Johann Heinrich Wilhelm Tischbein. Vier Monate blieb er in der Stadt, die ihn in ihrer historischen und architektonischen Vielschichtigkeit überwältigte: »Anderer Orten muss man das Bedeutende aufsuchen, hier werden wir davon überdrängt und überfüllt.« Und weiter: »Man müßte mit tausend Griffeln schreiben, was soll hier eine Feder!« Auf Goethes Spuren in Rom wandeln kann man natürlich mit seiner *Italienischen Reise* und den zahlreichen Eintragungen zwischen 1. November 1786 und 21. Februar 1787, als er in Richtung Neapel aufbrach. Man kann sich aber auch in der ☞ Casa di Goethe (Via del Corso 18) umsehen, ein kleines Museum mit Dauer- und Sonderausstellungen, das in jenem Haus untergebracht wurde, wo Goethe bei Tischbein gewohnt hatte. Der Besuch ist aufschlussreich: Man »erlebt« einen privaten Goethe – gezeichnet von Tischbein, mit einer unterschriebenen Rechnung, mit kleinen Billetts, die versandt wurden, und sogar mit dem traurigen Brief einer Frau namens Faustina, mit der Goethe eine Affäre gehabt haben dürfte. Ein in jeder Hinsicht lohnender Besuch!

---

schilderte, sicherten Pasolini Aufmerksamkeit. Ein Jahrzehnt später entdeckte er das Medium Film für sich, nutzte es für seine sozialkritischen und poetischen Intentionen und schrieb mit *Accattone, Mamma Roma* oder *Teorema* Filmgeschichte.

Pasolini war ein engagierter Publizist, der die tektonischen Verschiebungen in den sozialpolitischen Verhältnissen seiner Gegenwart Schicht für Schicht analysierte und dokumentierte. Dem hat sich auch der Enthüllungsroman *Petrolio* verschrieben, seine letzte (unvollendete) Arbeit, mit der er 1972 begann. Darin befasste er sich mit dem von der Mafia ermordeten Journalisten Mauro De Mauro und mit dem Mord an Enrico Mattei, Manager des Erdölkonzerns Eni. Drei Jahre später, am 2. November 1975, wurde der Leichnam Pier Paolo Pasolinis am Strand von ☞ Ostia gefunden. Die Ermittlungen wurden schlampig geführt, Indizien erfunden, Hinweise verloren. Man wusste, dass Pasolini seinen letzten Abend im ☞ Ristorante Al Biondo Tevere an der Via Ostiense verbracht hatte. Danach liegen die Ereignisse buchstäblich im Dunkel. Vier Jahre später gestand ein knapp zwanzigjähriger Stricher den Mord, wurde verurteilt und ins Gefängnis gesteckt. Später widerrief er und erklärte, er habe im Auftrag von Unbekannten gehandelt.

Was wirklich geschah, weiß man bis heute nicht. Sicher ist, dass das Buchkapitel über den Mord an Mattei aus Pasolinis Atelier gestohlen wurde und Jahre später bei Marcello Dell'Utri, einem Berlusconi-Vertrauten mit Verbindungen zur Mafia, wieder auftauchte. 2007 forderte der römische Bürgermeister Walter Veltroni mit einer Unterschriftenkampagne, an

---

BOCCA DELLA VERITÀ Sie zählt zum Pflichtprogramm fast jeden Rom-Besuchs: die ☞ Bocca della Verità in der Säulenvorhalle der wirklich sehenswerten Kirche ☞ S. Maria in Cosmedin. Wer später kommt, muss durchaus damit rechnen, eine Weile in einer Schlange zu stehen, um seine Hand in den Mund des scheibenförmigen Reliefs zu schieben und sich dabei fotografieren zu lassen – immer mit dem etwas bangen Gefühl, ob die Mär nun stimmt oder nicht: Wer lügt, der verliert seine Hand, wenn er sie in den Mund der Wahrheit steckt. Die Wirklichkeit ist weit weniger aufregend, denn bei dieser Scheibe handelt es sich wahrscheinlich um einen antiken Kanal- oder Brunnendeckel, bei dem das Wasser durch Augen und Mund abfloss. Ein kriminalhistorisches Detail hat die Vergangenheit der Bocca della Verità dennoch aufzuweisen: Am 12. März 1812 wurde hier der allseits gefürchtete Räuberhauptmann Stefano Spadolino hingerichtet.

der namhafte Autoren teilnahmen, die Wiederaufnahme der Untersuchungen. 2010 wurde der Fall tatsächlich wieder aufgerollt, 2015 die Akten jedoch abermals geschlossen. Der angebliche Mörder, auf dessen Kleidung kein Tropfen von Pasolinis Blut gefunden worden war, starb 2017 – und hinterließ viele offene Fragen. Im Hafen von ☞ Ostia, an der trostlosen ☞ Via di Idroscalo 170, hat die Stadt Rom dort, wo Pasolini den Tod fand, einen kleinen Park anlegen lassen, Steine mit Zitaten des Dichters aufgestellt und den Bildhauer Mario Rosati mit einer Skulptur beauftragt.

Wehe den Besiegten!

Es ist ein altes Lied: Kriegerische Eroberungszüge brachten den Siegern nicht nur Ehre im eigenen Land, die Eroberer zogen gemeinhin erst ab, wenn sie genügend Trophäen im Gepäck hatten. Und das gilt für wenig anderes so sehr wie für Kunst: Was geraubt wurde, war nicht nur der materielle Wert oder der ideelle im Hinblick darauf, wie hochwertig die Kunstwerke waren, die der Sieger davontrug. Vor allem anderen war es ein Stück der kulturellen Identität des Besiegten, das geraubt wurde.

Rom bildet in dieser Hinsicht keine Ausnahme. In der klassischen Zeit vor und nach der Zeitenwende war man nicht zimperlich, wenn es darum ging, Kunstschätze aus allen eroberten Gebieten nach Rom zu bringen. Mit Glanz und Gloria haben die Konsuln und die späteren Kaiser ihre Beute in Triumphzügen zur Schau gestellt. Senat, Konsuln und Kaiser rechtfertigten sich mit dem *bellum iustum,* dem gerechten Krieg, und bedienten sich an der schönen guten Ware: Gold, Stoffe, Statuen, Gemälde, Säulen, Obelisken. Man plünderte Tempel und Paläste in allen Ländern rund um das Mittelmeer und versetzte die römische Bevölkerung vor allem mit grie-

Am 14. Januar 1506 stieß der Bauer Felice de Fredis zufällig auf eine Gewölbedecke unter der Erde seines Weingartens auf dem ☞ Esquilin. Ein hastig gestemmtes Loch gab den Blick auf eine marmorne Halle und eine dramatische Figurengruppe nackter Männer frei. Der Rest ist Geschichte: Man war, und Michelangelo Buonarroti bestätigte das, auf die Figurengruppe des Laokoon gestoßen, die bereits Plinius der Ältere in höchsten Tönen gelobt hatte. De Fredis handelte sich einen stolzen Finderlohn aus, der ihm fortan ein sorgenfreies Dasein bescherte, und erhielt zudem ein Grabmal in der Kirche ☞ S. Maria in Aracoeli. Die Gruppe steht heute wieder in den ☞ Vatikanischen Museen, nachdem Napoleon Bonaparte seine begehrlichen Hände danach ausgestreckt und das Meisterwerk nach Paris hatte abtransportieren lassen.

chischer Beute in solche Begeisterung, dass in Rom griechische Lebenskultur zum Nonplusultra der Nobilität wurde. Feindesbeute als Anrecht des Siegers, so betrachteten die Juristen der späten Republik und des Prinzipats die Güter, die sie in rauen Mengen nach Rom karrten. Die sakralen Monumente, nun ihres spirituellen Zusammenhangs beraubt, wurden in Rom in einen neuen, einen triumphalen Kontext gebracht, indem die Skulpturen in Triumphbögen und Tempel integriert wurden.

DIE NADELN KLEOPATRAS Als Octavian und sein Schwiegersohn Agrippa Ägypten 30 v. Chr. erobert hatten, begann die Verpflanzung ägyptischer Obelisken in so großer Zahl, dass es heute nirgendwo mehr Obelisken gibt als in Rom. Papst Sixtus V., der eine Neugestaltung der Topografie Roms auf seiner Agenda hatte, ohne diese je restlos zu verwirklichen, hatte wenig Scheu vor antiken Werken und schon gar nicht vor den heidnischen Obelisken, von denen er vier aus antiken Gebäuden extrahieren und neu aufstellen ließ, einen auf dem ☞ Petersplatz, einen vor ☞ S. Maria Maggiore, einen vor der ☞ Lateranbasilika und einen auf der ☞ Piazza del Popolo. Der kleinste Obelisk Roms, er wurde 1665 zufällig im Garten von ☞ S. Maria sopra Minerva gefunden, steht auf der ☞ Piazza della Minerva. Um dem delikaten Werk aus Rosengranit mehr Höhe zu verleihen, beauftragte die Kurie Gian Lorenzo Bernini mit einem Sockel, wobei sich Bernini für einen Elefanten – ausgeführt von Ercole Ferrata – als Obeliskenträger entschied.

Der zwar kleinste, aber mit seinem Elefanten vielleicht auch der hübscheste aller römischen Obelisken. Dass der Elefant dem Gebäude, in dem im 17. Jh. das Sant'Uffizio, die Inquisition, ihren Sitz hatte, sein Hinterteil zuwendet, hängt angeblich mit Berninis Ärger über nicht bezahlte Rechnungen durch die Kurie zu zusammen. Er soll den Verantwortlichen aus Rache einen spiegelverkehrten Entwurf vorgelegt haben, auf dem der Elefant dem Amt seinen Kopf zuwandte.

Bis mit der *Haager Landkriegsordnung* (1899) und der *Haager Konvention zum Schutz von Kulturgut* (1954) jede Form von Kriegsbeute geächtet wurde, erlebte auch Rom in seiner langen Geschichte Raub und Plünderung. Das begann bereits mit den Galliern vor und den Westgoten und Vandalen nach der Zeitenwende, fand seinen schrecklichen Höhepunkt aber im Sacco di Roma von 1527, als die Truppen Kaiser Karls V. raubten und zerstörten, was ihnen in die Hände fiel. Die Wut der Soldaten war so groß, dass sie in den Fresken des Vatikans die Gesichter der abgebildeten Päpste mit Lanzen zerstörten.

Ein großer Kunsträuber war zweihundertsiebzig Jahre später Napoleon, dessen Italienfeldzug dem Louvre und seinem ersten Direktor – »Napoleons Auge« Dominique-Vivant Denon – zahlreiche grandiose Kunstwerke einbrachte. Der *Apollo von Belvedere* zählte dazu, die *Laokoon-Gruppe* (beide: ☞ Vatikanische Museen), der *Kapitolinische Brutus* (☞ Kapitolinische Museen) und Raffaels letztes Gemälde, die *Transfiguration,* das Napoleon damals aus der Kirche ☞ S. Pietro in Montorio mitgehen ließ und das sich heute in der ☞ Pinakothek des Vatikans befindet. Napoleon gab dem Ganzen immerhin einen Anstrich von Legalität, indem er in dem mit Papst Pius VI. geschlossenen Vertrag von Tolentino auch die Konfiszierung von einhundert Kunstwerken aus der vatikanischen Sammlung festhalten ließ. 1815, im Zuge der Neuordnung Europas, kamen alle Kunstwerke zurück nach Rom.

ALLE WEGE FÜHREN NACH ROM

Schauplätze der Hautpstadt

Dass Rom zur Hauptstadt des erstmals seit der römischen Antike vereinigten Italien wurde, beruht auf dem Bruch einer bilateralen Vereinbarung: 1849 hatte Frankreich, das sich als Schutzmacht des Kirchenstaates verstand, Truppen in dessen verbliebenem Territorium – im Wesentlichen Rom und Latium – stationiert. 1864 schloss Frankreich mit dem 1861 gegründeten Königreich Italien die völkerrechtlich bindende *Septemberkonvention.* Italien garantierte damit, die Grenzen des Kirchenstaates zu respektieren, Frankreich würde dafür seine Truppen abziehen. Im Jahr darauf verlegte Italien seine Hauptstadt von Turin nach Florenz – und alles schien eitel Friede. Doch das Risorgimento war eine höchst heterogene Bewegung, deren einzelne Strömungen teils völlig unterschiedliche Richtungen verfolgten.

Wörtlich übersetzt bedeutet *Risorgimento* nichts anderes als *Wiedererstehung* – die Wurzeln des erdachten Nationalstaats lagen also in der Vergangenheit, die wiederum die gegenwärtigen Bestrebungen rechtfertigte. Rom als Hauptstadt des vereinten Staates wurde dabei durchaus kontrovers diskutiert. Letztlich setzten sich die republikanischen Romantiker durch, die von Brüderlichkeit und Solidarität träumten und für die nur Rom als Kapitale die wahre Ordnung des jungen Staates garantierte. Für sie galt die alte Maxime: *Par tibi, Roma, nihil cum sis prope tota ruina* – nichts kommt dir gleich, Rom, auch wenn du fast in Trümmern liegst. 1867 zog Giuseppe Garibaldi, charismatischer Fahnenträger des Risorgimento, gegen Rom, was neuerlich die Franzosen auf den Plan rief. Als diese jedoch ihre Truppen gegen Deutschland benötig-

Via Appia 312 v. Chr. wurde die *Regina Viarum,* die Königin der Straßen, angelegt, und 190 v. Chr. bis Brindisi verlängert. Berühmt wurde sie als Handelsweg und als Schauplatz des Mordes an Cicero.

ten und aus Rom abzogen, marschierten italienische Truppen in Rom ein. Die kurze, blutige Schlacht vor der ☞ Porta Pia fand im September 1870 statt, und bereits im Oktober wurde der Kirchenstaat an Italien angegliedert. Am 3. Februar 1871 wurde Rom durch ein von König Viktor Emanuel II. unterzeichnetes Gesetz endgültig Hauptstadt Italiens. Damit war die *Terza Roma* geboren, das dritte Rom, nach dem der Cäsaren und dem der Päpste nun jenes des Königs.

Prima vista waren die Eroberer wohl nur bedingt glücklich. Rom am Ende des 19. Jh. war eine heruntergekommene Stadt mit rund 200.000 Einwohnern, von denen sehr viele weit unter dem Existenzminimum lebten und von regelmäßigen Choleraepidemien ebenso heimgesucht wurden wie von Hochwassern. Wenige Monate nach der Eroberung stand der Tiber so hoch, dass man nur mit Booten durch Roms Straßen kam. Eine gute Gelegenheit, sich gegenseitig die Schuld in die Schuhe zu schieben: Das Hochwasser sei die Strafe Gottes für den Raub der päpstlichen Metropole, donnerten die Priester von ihren Kanzeln, während die neuen Verwalter die fehlende moderne Uferbefestigung beklagten.

Abgesehen vom Papst sahen sich viele Römer von den neuen Herren überrumpelt, zumal die alten umfassenden Sozialnetze, die der Kirchenstaat gespannt hatte, löchrig wurden. Dazu zählte ☞ San Michele a Ripa, ein riesiger Baukomplex, der als Kranken-, Armen- und Waisenhaus ebenso diente wie als Frauengefängnis und Besserungsanstalt für Unruhestifter. Der junge Staat hatte den Bau kurzerhand konfisziert und der Stadt übergeben, die sich dessen Erhaltung jedoch nicht leisten konnte. Das Gebäude verfiel zunehmend, diente schließlich nur noch als Kaserne und Gefängnis, bis es der Staat 1969 zurückkaufte, teilweise restaurierte und Abteilungen des Kulturministeriums darin unterbrachte.

Wie die Cäsaren, wie die Päpste, so musste auch der neue Staat in Erscheinung treten – also begann man erst einmal zu

Eine symbolische Brücke sollte es ein, eine architektonische Verbindung zwischen der Antike und dem modernen Rom, ein Manifest des vereinten Italiens. Als Vorbild galt der Pergamonaltar, und man war nicht zimperlich, dem ☞ Monumento a Vittorio Emanuele II Platz zu schaffen, und riss dafür ein ganzes Stadtviertel ab. Als das Vittoriano 1927 nach über vierzig Jahren Bauzeit endlich fertig war, hatten die Römer längst einen wenig schmeichelhaften Spitznamen für diesen eklektisch-historistischen Klotz gefunden: *macchina da scrivere,* Schreibmaschine.

bauen: In die engen Gassen der Altstadt wurden breite Achsen geschlagen, darunter etwa der ☞ Corso Vittorio Emanuele II. Vor allem aber blieb auf der ☞ Piazza Venezia kaum ein Stein auf dem anderen. Ein ganzes Stadtviertel zwischen Kapitol und Forum fiel dem ☞ Altare della Patria zum Opfer, dem megalomanen – von den Römern aufgrund seines Aussehens scherzhaft »Schreibmaschine« genannten – Nationaldenkmal, das 1911 noch unvollendet anlässlich des fünfzigsten Jahrestages der Einigung Italiens eingeweiht wurde.

Die Römische Frage war immer noch ungeklärt, und die moderne konstitutionelle Monarchie wurde nicht müde, symbolische Botschaften zu verkünden, indem ehemalige päpstliche Gebäude in weltliche Institutionen umfunktioniert wurden: Der Senat zog in den ☞ Palazzo Madama, die Abgeordnetenkammer in den ☞ Palazzo Montecitorio, und der König selbst bezog den ehemaligen ☞ Papstpalast am Quirinal. An der ☞ Via XX Settembre – sie beginnt an der ☞ Porta Pia, führt kerzengerade auf den Quirinal und wurde nach dem Tag der Eroberung Roms benannt – wurden die zentralen Ministerien errichtet, darunter mit dem ☞ Palazzo delle Finanze – Finanzministerium – eines der größten Regierungsgebäude in Rom. Nicht weniger grandios wurde um die Jahrhundertwende am rechten Tiberufer direkt neben der Engelsburg der ☞ Palazzo di Giustizia errichtet, Roms Justizpalast auf der ☞ Piazza dei Tribunali. Hier hat heute die *Corte Suprema di Cassazione,* der Kassationsgerichtshof, seinen Sitz.

Um 1920 bewegte sich die Einwohnerzahl Roms auf eine knappe Million zu. Der Erste Weltkrieg war mit schweren Verlusten zu Ende gegangen, doch Italien stand aufseiten der Siegermächte. Innenpolitisch jedoch wurde die bereits vor dem Krieg erkennbare Instabilität unübersehbar. Auf der einen Seite standen nationalistisch-konservative Kräfte, auf der anderen sozialistische, und dazwischen wuchs – gefördert von den alten

---

DIE OFFENE STADT Artikel 25 der *Haager Landkriegsordnung* legt fest, dass eine Stadt, die nicht verteidigt wird, auch nicht angegriffen werden darf. Ohne explizit in der Verordnung so bezeichnet zu werden, ist eine unverteidigte Stadt eine offene Stadt, und man kann eine Stadt zur offenen erklären, um sie dadurch zu schützen. Rom wurde gleich mehrmals zur offenen Stadt erklärt: im Juni 1940, im Juli und August 1943 und zuletzt im Juni 1944, als die westalliierten Truppen in Rom einmarschierten. *Rom, offene Stadt – Roma città aperta* – ist auch der Titel eines cineastischen Meisterwerks von Roberto Rossellini. Der Film, ein Meilenstein des Neorealismo, spielt in der Zeit der deutschen Besetzung Roms, wurde bereits während des Krieges vorbereitet und schon im September 1945 in italienischen Kinos ausgestrahlt. In Deutschland wurde der Film nur für private Vorführungen genehmigt und erst 1961 für die Öffentlichkeit freigegeben, da man anfangs »Störungen im Verhältnis zwischen Deutschland und Italien« befürchtete. Gedreht wurden mehrere Szenen in der parallel zur ☞ Via Rasella verlaufenden ☞ Via degli Avignonesi, wo eine Gedenktafel an der Nr. 32 an Rossellinis Arbeit erinnert.

Eliten – der Faschismus. Benito Mussolini, ehemaliger Chefredakteur der sozialistischen Parteizeitung *Avanti!,* wurde zum Anführer der neuen Bewegung, die sich 1922 symbolträchtig auf ihren »Marsch auf Rom« begab. Die Wirklichkeit war weit weniger spektakulär: An diesem inszenierten Dreh- und Angelpunkt der »faschistischen Revolution« nahmen im strömenden Oktoberregen nur etwa fünftausend *squadristi* – in Aktionskommandos *(Squadre d'Azione)* formierte Schwarzhemden – teil. Mussolini selbst saß in Mailand und wurde dort von König Viktor Emanuel III. telefonisch nach Rom bestellt, wo er am 31. Oktober 1922 als Ministerpräsident vereidigt wurde. Die nachfolgende »Siegesparade«, für die sich vor den Toren Roms mittlerweile an die 50.000 Faschisten versammelt hatten, war reine Propaganda, um den Mythos des vom Volk gewollten faschistischen Umsturzes zu schaffen.

Am Beginn der faschistischen Diktatur, die in Italien ebenso zu einem totalitären Terrorregime führte wie in allen anderen faschistischen und nationalsozialistischen Staaten, stand nicht der Marsch auf Rom, sondern der Mord an Giacomo Matteotti. Matteotti, ein in Bologna promovierter Jurist und Abgeordneter des Partito Socialista Italiano, trat gegen Protektionismus in der eigenen Partei ebenso auf wie gegen die, wie er wortgewaltig nachwies, Wahlfälschung durch die Faschisten bei den Parlamentswahlen 1924. Matteotti hatte den Finger so tief in die Wunde gebohrt, dass er am 10. Juni 1924 von sechs *squadristi* auf dem Weg von seiner Wohnung in der ☞ Via Giuseppe Pisanelli 40 zum Parlament in ein Auto gezerrt und mit einer Feile erstochen wurde. Erst zwei Monate später wurde seine Leiche außerhalb Roms entdeckt, was zu einem Stimmungswandel in Italien führte: Niemand zweifelte daran, dass der Mord im Auftrag der Faschisten geschehen war, eine Gruppe Abgeordneter aus verschiedenen Parteien – die sogenannten Aventinianer – zogen aus dem Parlament aus, und in einer Straßenbahn auf dem ☞ Viale Giulio Cesare brüllte der kommu-

GEDENKEN Eine detailreiche Geschichte der 268 Tage dauernden nationalsozialistischen Herrschaft in Rom entfaltet sich im ☞ Museo storico della Liberazione in der Via Tasso 145 (nahe der ☞ Lateranbasilika). Das Gebäude diente damals als Gestapo-Gefängnis. Die Ardeatinischen Höhlen wurden nach dem Zweiten Weltkrieg freigelegt, die Leichen geborgen und, wo es möglich war, identifiziert. Es wurden das ☞ Mausoleo delle Fosse Ardeatine erbaut und ein Museum des italienischen Widerstandes eingerichtet. In einer Vielzahl von Prozessen befasste man sich nach dem Krieg mit den Kriegsverbrechern, aber auch mit der Legitimität des Attentats in der Via Rasella. Erst 1999 erkannten Richter am Kassationsgerichtshof der Resistenza den Rang einer staatlichen Institution zu, womit auch das Attentat nachträglich als »Kriegsakt« legitimiert wurde. In der Via Rasella gibt es keine Gedenktafel, doch an dem Gebäude an der ☞ Ecke Via Rasella/Via del Boccaccio sind die Spuren der Einschüsse und Explosionen vom 23. März 1944 nach wie vor deutlich zu sehen. An der Umzäunung des ☞ Palazzo Barberini erinnert eine Gedenktafel an das Massaker.

Nach dem Attentat in der Via Rasella verhafteten SS-Schergen wahllos Bewohner der umliegenden Häuser und stellten diese entlang der Umzäunung des ☞ Palazzo Barberini in der Via delle Quattro Fontane auf.

---

nistische Zimmermann Giovanni Corvi *»vendetta per Matteotti«* durch den Waggon und erschoss den faschistischen Abgeordneten Armando Casalini. Matteottis Mörder wurden vom König persönlich begnadigt. Erst 1947 wurde der Fall neu aufgerollt und drei noch lebende Attentäter zu dreißig Jahren Gefängnis verurteilt. Im Jahr 1974 wurde am ☞ Lungotevere Arnaldo da Brescia (gegenüber der Einmündung der ☞ Via degli Scialoja) an jener Stelle ein Denkmal errichtet, an der Matteotti entführt worden war.

Zwanzig Jahre herrschten Benito Mussolini und sein Klüngel, bis das Regime im Juli 1943 zusammenbrach. Wenige Wochen später übernahm das nationalsozialistische Deutschland die Herrschaft: 268 Tage des Terrors – vom 8. September 1943 bis zum 4. Juni 1944, als Rom von den amerikanischen Truppen eingenommen wurde.

Am 16. Oktober 1943 durchkämmten SS-Totenkopfverbände im Zuge einer Razzia das jüdische Ghetto und trieben am ☞ Portico d'Ottavia (heute: Largo 16 ottobre 1943, hier befindet sich das ☞ Shoah-Museum) über eintausend Juden zusammen und deportierten sie nach Auschwitz, wo die meisten ermordet wurden. Am 23. März 1944 setzten Mitglieder der Resistenza, des italienischen Widerstands, einen exakt vorbereiteten Plan um, zündeten um 15.45 Uhr eine Bombe – 18 Kilo TNT versteckt in einer Müllabfuhrkarre –, warfen in dem daraufhin entstehenden Getümmel mehrere Handgranaten und schossen mit Maschinengewehren in ein Polizeiregiment der SS, das dem deutschen Stadtkommandanten unterstand. Das Attentat fand in der ☞ Via Rasella vor den Toren des ☞ Palazzo Barberini statt und forderte 33 Tote und 60 Verwundete.

Die Reaktion der Besatzer folgte unmittelbar nach dem Attentat. Die Wohnungen der umliegenden Häuser wurden brutal durchsucht, die Bewohner auf die Straße getrieben und entlang der Umzäunung des Palazzo Barberini aufgestellt, Männer, Frauen und Kinder getrennt. Danach überlegten Stadtkommandant Kurt Mälzer und SS-Obersturmbannführer Herbert Kappler, wie Rom zu bestrafen sei. Das ganze Stadtviertel um die Via Rasella in die Luft zu sprengen stand ebenso im Raum wie die Deportation der gesamten männlichen Bevölkerung Roms im Alter zwischen 18 und 45 Jahren. Man überlegte auch, für jeden getöteten SS-Mann dreißig Italiener zu massakrieren. In hektischen Telefonaten zwischen Rom, deutschem Hauptquartier in Verona und Berchtesgaden fiel schließlich die Entscheidung, für jeden toten Deutschen zehn Italiener hinzurichten. Kappler brachte 270 Namen auf die Liste, weitere fünfzig brachten römische Kollaborateure. Am 24. März 1944 wurden 335 Geiseln, darunter italienische Zivilisten, Widerstandskämpfer und eine Gruppe von Juden, deren Versteck eben entdeckt worden war, mit Lkw in den Süden Roms zu einem stillgelegten Steinbruch, den ☞ Ardeatinischen Höhlen, transportiert. Gruppen zu je fünf Gefangenen wurden in die Höhlen gebracht, manche von der Folter so gezeichnet, dass sie fast schon sterbend hineingetragen werden mussten, und mit einem Genickschuss ermordet. Der älteste war 74 Jahre alt, das jüngste Opfer ein 14-Jähriger. Die Mörder sollen sich restlos mit Cognac betrunken haben, um trotz des Gestanks und all des Bluts, das den Boden aufzuweichen begann, ihre Opfer immer von Neuem in die Höhle zu zerren und zu erschießen. Nach dem letzten Mord wurden die Höhlen gesprengt.

Stadt der Skandale

Im Juni 1944 wurde Rom von den alliierten Truppen eingenommen. Zwei Jahre später dankte König Viktor Emanuel III. zugunsten seines Sohnes Umberto II. ab. Umbertos Regentschaft währte indessen nur kurz: Vierzig Tage lang residierte er noch im ☞ Quirinalspalast, bevor sich die Bevölkerung Italiens

---

COSTITUZIONE DELLA REPUBBLICA ITALIANA Die italienische Verfassung gilt als ein in der unmittelbaren Nachkriegszeit verankertes Konsenswerk, geprägt vom gemeinsamen Widerstand gegen den Faschismus. Die Legislative besteht aus zwei Kammern *(bicameralismo perfetto)*, dem Senat *(Senato della Repubblica)* und der Abgeordnetenkammer *(Camera dei deputati)*, wobei Letztere nach der Verfassungsreform von 2020 mit 630 Abgeordneten die größere Parlamentskammer ist. Die *deputati* werden, wie auch die 315 Senatoren, alle fünf Jahre gewählt. Die Exekutive setzt sich aus Ministern und Ministerpräsidenten zusammen, wobei die offizielle Regierung als *Consiglio dei Ministri* – Ministerrat – bezeichnet wird. Der *Presidente del Consiglio* gilt dabei als primus inter pares. Die fünf höchsten Amtsträger Italiens sind Staatspräsident, Senatspräsident, Präsident der Abgeordnetenkammer, Ministerpräsident sowie Präsident des Verfassungsgerichtshofes. Als Staatsfeiertag gilt der 2. Juni, die *Festa della Repubblica*.

Hier oben, mit diesem berauschenden Blick über Rom bis zu St. Peter und darüber hinaus, ließen sich auch für Päpste die heißen römischen Sommer aushalten: Ab 1583 ließ Papst Gregor XIII. einen weitläufigen Palazzo auf der ☞ Piazza del Quirinale errichten und konnte den letzten Sommer seines Lebens bereits in dieser luftigen Höhe verbringen. 1871 requirierte der neue Staat den ☞ Palazzo del Quirinale für seinen König, bevor nach der Abschaffung der Monarchie der Staatspräsident Italiens hier einzog.

in einem von den US-amerikanischen Besatzungsbehörden initiierten Referendum am 2. Juni 1946 gegen die durch den Faschismus kompromittierte Monarchie und für die Republik aussprach. Am 18. Juni 1946 wurde das Ergebnis der Befragung verkündet und Umberto II. offiziell für abgesetzt erklärt. Am 1. Jänner 1948 schließlich trat die im Jahr davor ausgearbeitete Verfassung Italiens in Kraft.

Mit der Unterstützung des Vatikans – sowohl in ideologischer als auch in publizistischer Hinsicht – war die Democrazia cristiana nach dem Krieg für Jahrzehnte dominierende Kraft im demokratischen Parteienspektrum. Diametral gegenüber stand die kommunistische Partei, und dazwischen entwickelte sich das, was als Charakteristikum der italienischen Politik gilt:

Auf dem ☞ Quirinal befindet sich nicht nur der gleichnamige Palast als Sitz des Staatspräsidenten, sondern auch der ☞ Palazzo della Consulta, der Sitz des italienischen Verfassungsgerichtes. Das Gebäude wurde im 18. Jh. unter Papst Clemens XII. bereits als Justizgebäude der Kurie errichtet. Unter Napoleon hatte hier die Präfektur ihren Sitz, später wurde es zum Palast des Kronprinzen, bis unter Mussolini Büros verschiedener Ministerien einzogen. 1958 wurde der Palazzo per Gesetz zum Sitz des Verfassungsgerichtshofes.

häufige Regierungswechsel. Koalitionen, die geschlossen werden, aber nicht halten, Meinungsverschiedenheiten innerhalb der Regierung, die zu Krisen und zu Rücktritten führen, und nicht zuletzt Uneinigkeiten innerhalb der Parteien, in deren Folge einzelne Abgeordnete bei einer Vertrauensabstimmung durchaus gegen Ministerpräsidenten stimmen, auch wenn sie der eigenen Partei angehören – die Gründe sind vielfältig und kompliziert.

Rom wurde dabei zum rutschigen Parkett einer Klientelwirtschaft, nützlicher Beziehungsnetze zwischen Wirtschaft und Politik und Politik und Mafia. Dazu kamen eine ausufernde Bürokratie, Korruption und vielfach Inkompetenz. Mit Abscheu betrachteten die Italiener Rom, das zum Zentrum dieser Misswirtschaft wurde.

Zum Symbol der römischen Dekadenz wurde im August 1970 der legendäre Dreifachmord in der ☞ Via Puccini 9. Als der Chef der Mordkommission in das prächtige zweigeschossige Penthouse in der eleganten Straße an der Flanke des Pincio gerufen wurde, fanden die Polizisten Marchese Camillo Casati Stampa di Soncino, seine Ehefrau Anna und einen jungen Römer namens Massimo Minorenti. Alle drei tot – die Marchesa wie lebend in einem Sessel, die Beine übereinandergeschlagen, aber in der Brust ein Loch, neben dem Sofa der junge Mann, ein Stück entfernt der Marchese. Erste Hinweise auf einen möglichen Hintergrund fanden sich im Tagebuch des Marchese, das die Polizei auf dessen Schreibtisch fand: Darin erzählte er detailreich von den zahllosen sexuellen Abenteuern seiner Frau, die er jedoch samt und sonders selbst arrangiert hatte und an denen er immer als Zuschauer teilnahm. Das bewiesen Hunderte expliziter Fotos, die ebenfalls im Tagebuch lagen. Problematisch wurde es für den masochistischen Voyeur – als den ihn ein Psychoanalytiker beschrieb –, als sich seine Frau zum ersten Mal selbst einen Partner wählte und sich noch dazu in diesen verliebte. Mit dem Kontrollverlust kam die Grenzüberschreitung. Am Samstag, den 29. August, drohte der Marchese, der bei Freunden zur Jagd eingeladen war, seiner Frau telefonisch mit Mord. Daraufhin floh Anna zu ihrem Freund, kehrte aber, als der Marchese sie beruhigte, in die Wohnung in der Via Puccini zurück. Mittlerweile aber hatte der Marchese ein Abschiedsbillett verfasst und das Gewehr geladen. Zuerst erschoss er seine Frau. Der junge Geliebte ver-

---

MUSEO DELLE AUTO DELLA POLIZIA DI STATO Ein sehenswertes kleines Museum für Liebhaber schneller italienischer Autos: Rund siebzig Fahrzeuge der italienischen Polizei werden hier ausgestellt – von Fahrrädern über Motorräder bis zu den legendären Juwelen italienischen Autodesigns wie einem Ferrari 250 GTE oder einer Giulietta aus den 1960er-Jahren. Das Museum (☞ Via dell'Arcadia 20) hat geregelte Öffnungszeiten (Mo–Fr 9–13 Uhr), ein Anruf (+39 6 514 18 61), ob auch wirklich geöffnet ist, empfiehlt sich dennoch, da die Anfahrt mit dem Bus Nr. 714 bis zur Haltestelle Colombo/Georgofili doch eine Weile in Anspruch nimmt.

suchte noch zu fliehen, was ihm jedoch nicht gelang. Zum Schluss musste der Marchese nochmals nachladen, um sich mit der letzten Patrone den halben Kopf wegzuschießen.

Die Morde und der anschließende Suizid waren für Wochen das Gesprächsthema Nr. 1. Sensationslust, Neugier, Spekulation über Tage und Wochen – ein lukrativer Cocktail,

---

MAGISTRATURA ITALIANA Die italienische Judikative ist, entsprechend jeder modernen, demokratischen Staatsorganisation, strikt von Exekutive und Legislative getrennt. Gemäß Art. 101 der italienischen Verfassung sind Richter ausschließlich dem Gesetz unterworfen. Im Gegensatz zu vielen anderen Rechtsordnungen sind in Italien auch die Staatsanwälte unabhängig und nicht an Weisungen gebunden. Richter und Staatsanwälte unterstehen ihrem Selbstverwaltungsorgan, dem *Consiglio Superiore della Magistratura* mit Sitz im ☞ Palazzo dei Marescialli an der ☞ Piazza dell'Independenza. Die ordentliche Gerichtsbarkeit ist in folgende Ebenen eingeteilt: Die unterste Instanz bildet der *Giudice di Pace,* der Friedensrichter, ein ehrenamtlicher Richter ohne Richterprüfung; darauf folgt das Landesgericht, *tribunale* genannt, das ebenfalls oft als erste Instanz entscheidet; die nächste Instanz ist das Oberlandesgericht, *Corte d'appello,* das seinen Sitz in den Regionalhauptstädten hat. Die beiden obersten Gerichte sind das Geschworenengericht, *Corte d'Assise,* für schwere Strafdelikte sowie die *Corte Suprema di Cassazione,* der Kassationsgerichtshof mit Sitz im römischen ☞ Palazzo di Giustizia auf der ☞ Piazza dei Tribunali. Das italienische Justizministerium hat seinen zentralen Sitz im ☞ Palazzo Piacentini an der ☞ Via Arenula und ist für die Verwaltungs-, Finanz- und Militärgerichtsbarkeit zuständig. Als größtes Problem der ordentlichen Gerichtsbarkeit erweist sich in Italien immer wieder die enorme Verfahrenslänge, die dazu führt, dass zahlreiche Delikte verjähren. Ein ordentliches Verfahren in erster Instanz dauert rund 1.000 Tage, wird Berufung eingelegt, muss man nochmals rund 1.400 Tage hinzuzählen – insgesamt mehr als sechs Jahre.

Die Skulpturen an der dem Tiber zugewandten Seite des ☞ Palazzo di Giustizia stellen berühmte Juristen Roms dar, darunter Cicero, den Juristen und Kardinal Giovanni Battista De Luca und Giambattista Vico, einen herausragenden Juristen aus der Epoche der Aufklärung.

mit dem die Zeitungen ihre Auflagen um eine halbe Million Exemplare erhöhen konnten. Ein vielsagendes Nachspiel kam mit dem Testament: Der Marchese hatte darin alles seiner Frau Anna hinterlassen und für seine Tochter aus erster Ehe einen klar umrissenen Anteil. »Alles« war enorm viel: das Penthouse in Rom, ein Ferienhaus am Meer, eine Wohnung in Mailand, eine Villa und riesige Ländereien mit dem Familienschloss nebst eindrucksvoller Kunstsammlung. Da aber der Marchese nach seiner Frau gestorben war, erbte alles die 19-jährige Tochter – was Annas Verwandte erfolglos anfochten. Riesige, vom Marchese schon zu Lebzeiten angehäufte Steuerschulden sowie die Erbschaftssteuer veranlassten Annamaria, die Tochter, eine der großen Villen aus der Erbmasse zu verkaufen. Ihr Anwalt, sie lebte mittlerweile in Brasilien, kümmerte sich darum und verkündete, ein sensationelles Geschäft gemacht und die Villa mitsamt Einrichtung, Bibliothek und Kunstsammlung um 500 Millionen Lire verkauft zu haben – ein Preis, der eher einer Wohnung in Mailand entsprach als einer ausgewachsenen Villa. Käufer war der damalige Bauunternehmer Silvio Berlusconi, und er bezahlte diesen Betrag in Raten. Kurze Zeit später wurde die Villa von einer Bank als Finanzierungsgarantie über sieben Milliarden Lire akzeptiert.

Konnte man die Tragödie um den Marchese und seine Frau noch halbwegs als Privatsache betrachten (das Nachspiel ausgenommen), so brachte der Fall Wilma Montesi, der Rom in den 1950er-Jahren beschäftigte und Federico Fellini zu *La dolce vita* inspirierte, einen Sumpf aus Korruption, Drogen und Prostitution ans Tageslicht. Der Fall ist schnell erzählt: Wilma Montesi war ein bürgerliches Mädchen, verlobt mit einem Carabiniere. Sie lebte in der elterlichen Wohnung in der Via Tagliamento 76 nicht weit von der ☞ Villa Torlonia (einst Mussolinis Residenz mit weitläufiger Bunkeranlage). Am 11. April 1953 stolperte ein Arbeiter am Strand von Torvaianica über die Leiche dieser jungen Frau – womit das Rätselraten begann: Wilma war zwei

Tage zuvor nach ☞ Ostia gefahren, freiwillig und allein, um im Meerwasser ein heilsames Fußbad gegen ein schmerzendes Ekzem zu nehmen. Doch wie war sie ins 20 km weiter südlich liegende Torvaianica gekommen? Und warum fehlten Schuhe, Strümpfe und Strumpfhalter? Der Gerichtsmediziner attestierte Ertrinken als Unfall durch eine Ohnmacht, aber keinerlei Hinweise auf Gewalteinwirkung.

Ein halbes Jahr später veröffentlichte der Journalist Silvano Muto in seiner eigenen Zeitung einen spekulativen Artikel: In der Nähe des Strandes lag der Landsitz Capocotta, ein exklusiver Club, in dem sich die Reichen und Schönen vergnügten und wo leichte Mädchen ebenso ständig verfügbar waren wie Kokain und Champagner. Angeblich hatte man dort Wilma Montesi am Arm von Piero Piccioni, Sohn des damaligen Außenministers, und in Begleitung des Marchese Montagna, eines gut vernetzten Prominenten, gesehen. Der Fall entwickelte plötzlich eine gefährliche Eigendynamik – da gab es hochrangige Polizisten, die den Journalisten bedrängten, seine Spekulationen aufzugeben, dazu eine neue Zeugin, die Montagna und Piccioni belastete, und andere prominente Zeugen, aber auch hohe Beamte, die gegen eine Wiederaufnahme der Ermittlungen intervenierten. Die ganze Affäre explodierte schließlich in einer Flut aus wilden Vermutungen und falschen Augenzeugen, erfundenen und wahren Fakten sowie haarsträubenden Details, die der Presse teuer verkauft wurden.

Interventionen von allen Seiten sowohl gegen die Ermittlungen als auch dafür ließen die ganze Angelegenheit schließlich zur Farce werden. Da mischte sich der Innenminister in die Affäre ein und wollte den Fall so schnell wie möglich bei den Akten wissen. Am folgenden Tag rief sein politischer Konkurrent aus derselben Partei an und verlangte eine ordnungsgemäße Untersuchung. Schließlich war die römische Bevölkerung über so viel Vertuschung und Korruption derartig aufgebracht, dass es doch noch zu Ermittlungen kam, die – dank des unbestechlichen und durch Prominenz nicht zu beeindruckenden Richters Raffaele Sepe – Unschönes zutage förderten: Drogenhandel, Korruption, Prostitution und andere kriminelle – oder wenigstens halbseidene – Aktivitäten vor allem im Zusammenhang mit der Democrazia cristiana. Im nachfolgenden Prozess mussten die Verdächtigen zwar freigesprochen werden, doch es wurden politische und gesellschaftliche Abgründe in Rom offenbar, die das Vertrauen der Bevölkerung in die Regierenden auf Jahrzehnte schädigten und den Außenminister und den intervenierenden Polizeipräsidenten zum Rücktritt zwangen. Der Tod Wilma Montesis jedoch blieb rätselhaft und wurde nie geklärt.

Als ein noch weitaus undurchdringlicherer Dschungel aus Politik, Finanzwirtschaft, Korruption, Mord und Verschwörung erwies sich in den 1980er-Jahren die Freimaurerloge Propaganda Due, besser bekannt unter der Abkürzung P2-Loge. Die Protagonisten hießen Licio Gelli, Roberto Calvi, Michele Sindona, aber auch der siebenfache italienische Ministerpräsident Giulio Andreotti und der katholische Erzbischof Paul Casimir Marcinkus, Direktor der Vatikanbank, zählten neben einer Reihe zwielichtiger Mafiosi dazu. Auf der anderen Seite stand ein tragischer Held: Giorgio Ambrosoli, Rechtsanwalt und

---

PALAZZO CHIGI Direkt neben dem ☞ Palazzo Montecitorio, dem Sitz der Abgeordnetenkammer des italienischen Parlaments, liegt der von den Aldobrandini – Mitglieder der römischen *nobilità nera,* Aristokraten, die ihren Adel dem Vatikan verdanken oder Päpste stellten – Ende des 16. Jh. errichtete Palazzo Chigi. Ende des 17. Jh. kauften die Bankiers Chigi das Gebäude und empfingen hier die schöpferische Crème ihrer Epoche, darunter Mozart, Goethe und Stendhal. Als die Chigi in Geldschwierigkeiten gerieten, vermieteten sie ihren Palazzo vor allem an diplomatische Vertretungen, was Österreich-Ungarn ab 1871 nützte, bis die Habsburgermonarchie ihre Botschaft in Italien 1915 schloss. Danach wurde der Palazzo Sitz des Kolonialministeriums und des Außenministeriums. Seit 1961 ist der Palazzo Chigi an der ☞ Via del Corso Sitz des italienischen Ministerpräsidenten.

beauftragt von der Banca d'Italia, das Geflecht zu entwirren – was der Unbestechliche mit seinem Leben bezahlte.

Unmöglich, hier sämtliche Zusammenhänge und Voraussetzungen zu beschreiben: Die finanziellen Hintergründe des Vatikans, die Verstrickungen der italienischen Wirtschaft und Politik mit Mafiaorganisationen und die damit verbundenen Verbrechen füllen ganze Bibliotheken. Vorausgeschickt sei nur, dass der Vatikan über ein enormes Vermögen verfügt, was er sehr fähigen Finanziers und Investoren verdankt. Beispielsweise Erzbischof Francesco Saverio de Mérode, der früh erkannte, wo sich die *Terza Roma* entfalten würde. Ende des 19. Jh., als offenbar wurde, dass die weltliche Macht der Päpste vorüber war, kaufte Mérode billige Grundstücke in Rom, darunter solche rund um den späteren römischen Hauptbahnhof. In diesem Zusammenhang muss auch Bernardino Nogara genannt werden, ein Bankier, den Papst Pius XI. an den Heiligen Stuhl berief, um das immense Vermögen zu verwalten, das dem zuvor nahezu insolventen Vatikan durch die Lateranverträge zugesprochen wurde. Nogara übernahm die Aufgabe unter der Prämisse, Investitionen ohne geografische oder religiös-doktrinäre Grenzen tätigen zu dürften. Der Heilige Stuhl sagte zu, woraufhin Nogara gleichermaßen geschickt wie skrupellos investierte, sodass der Vatikan am Ende des Zweiten Weltkriegs einen erklecklichen Vermögenszuwachs verzeichnen konnte. Die Organisation der Finanz- und Wirtschaftsbehörden des Vatikans ist höchst komplex und besteht aus verschiedenen Abteilungen, von denen das IOR, das 1942 gegründete Istituto per le Opere di Religione – kurz: Vatikanbank mit Sitz in der ☞ Torre di Niccolò V. im Vatikan –, die berühmteste ist. Direktor dieser Bank war von 1971 bis 1989 Erzbischof Paul Casimir Marcinkus.

1963 war Papst Johannes XXIII. gestorben, ein überaus populärer Papst, dem ein hohes Spendeneinkommen zu verdanken war, das nun einbrach. Wenig später legte die Regie-

Nach einem Entwurf Gian Lorenzo Berninis wurde der ☞ Palazzo Montecitorio ab 1650 errichtet. Nachdem Carlo Fontana den Palazzo in barockem Stil vollendet hatte, zogen hier Ende des 17. Jh. päpstliche Gerichtshöfe und andere Behörden der Kurie ein. 1871 requirierte der neue Staat Italien das stolze Gebäude und bestimmte es als Sitz der Abgeordnetenkammer. Der Obelisk vor dem Palazzo stammt aus dem 6. Jh. v. Chr., ist eine ägyptische Arbeit und war von Octavian um die Zeitenwende nach Rom gebracht worden.

rung in Rom fest, Aktiendividenden des Heiligen Stuhls ab sofort besteuern zu wollen. Zwei empfindliche Einkommenseinbußen, denen der Vatikan entgegenzusteuern trachtete. Möglich war das nur, wenn der Löwenanteil der Aktienpakete ins Ausland überführt wurde, um dem italienischen Fiskus zu entgehen. Diese Aufgaben übernahmen Marcinkus und Michele Sindona, ein sizilianischer Geschäftsmann mit einem enormen Finanzimperium dies- und jenseits des Atlantiks, dessen Herz die Banca Privata Italiana war. Dass Sindona Mafiagelder wusch, übersah man im Vatikan geflissentlich, denn, wie Marcinkus gerne betonte, man könne die Kirche schließlich »nicht allein mit Ave Maria führen«. Und man übersah auch, dass Sindonas Imperium ein fragiles Kartenhaus war, dessen Bestehen von vielen Komponenten abhing. Dennoch organisierte er mit seiner Banca Privata Italiana einen gewaltigen Kapitalexport aus dem Vatikan in die Schweiz.

Ein weiterer Bankier, der in die steuerschonenden Transaktionen des Vatikans involviert wurde, war Roberto Calvi, hochrangiger Angestellter des Banco Ambrosiano und gefördert von

Sindona, mit dem er regelmäßiger Gast der P2-Loge war, als deren Meister vom Stuhl Licio Gelli fungierte. Sowohl Sindona als auch Calvi waren in ein Netz aus Mafiageldern, Geldwäsche für Drogenkartelle, Parteienfinanzierung (vor allem der Democrazia cristiana), Briefkastenfirmen, Kapitaltransfers und undurchsichtige Devisengeschäfte verwickelt, das zu entwirren kaum noch möglich schien. Als Sindonas Imperium nach einem Börsencrash jedoch 1974 zusammenbrach und er wegen betrügerischen Bankrotts angeklagt wurde, begann die Fassade langsam zu bröckeln. Die Gründe dafür lieferte Rechtsanwalt Giorgio Ambrosoli, der als Masseverwalter eingesetzt wurde und die Machenschaften Schicht für Schicht aufzudecken begann. Als er Sindona, der Mafia und so manchem Politiker und Kleriker zu nahe kam, gab Michele Sindona den Auftrag, Ambrosoli zu ermorden. Der Anwalt, der allen Anfeindungen und allem Druck standgehalten hatte, wurde am 11. Juli 1979 in seinem Mailänder Zuhause erschossen. Ein junger Richter klärte diese Tat auf und Sindona wurde angeklagt und schließlich 1984 zu 25 Jahren Gefängnis verurteilt. Zwei Jahre später starb Sindona an Zyankali, das man ihm in seinen Kaffee gemischt hatte. Ob es Selbstmord oder Mord war, ist nicht geklärt.

Roberto Calvi war zu dieser Zeit bereits tot. Ihm war man, ebenfalls im Zuge der Ermittlungen Ambrosolis, 1981 dahintergekommen, dass er insgesamt 27 Milliarden Lire ohne Genehmigung ins Ausland transferiert hatte. Eine Verurteilung, eine kurze Gefängnisstrafe, die in einen Hausarrest umgewandelt wurde, und ein Patronatsbrief Erzbischof Marcinkus' brachten »Gottes Bankier«, wie Calvi genannt wurde, zurück an die Spitze des Banco Ambrosiano. 1982 jedoch musste die Bank Insolvenz anmelden, und Calvi verließ im Juni fluchtartig Italien. Eine Woche später, am 18. Juni 1982, fand man ihn erhängt unter der Blackfriars Bridge in London. Seine Taschen waren voller Steine gewesen, seine luxuriöse Uhr um Punkt 1.52 Uhr stehengeblieben. Die britische Justiz

BANDA DELLA MAGLIANA Die kriminelle Vereinigung mit ihren starken Verbindungen in die obersten politischen Gremien, zur P2-Loge rund um Licio Gelli, zu neofaschistischen Gruppierungen und zu allen Mafia-Organisationen in Neapel, Kalabrien und Sizilien war in alles verstrickt, was illegal ist: Drogen, Prostitution, Geldwäsche, korrumpierte Pferdewetten, Auftragsmorde, Entführungen. Gegründet in den *anni di piombo,* den bleiernen Jahren sozialer Unruhen zwischen (grob) 1970 und 1990, hatte die Magliana-Bande ihre Finger in allen Skandalen, die damals Kirche, Politik und Gesellschaft erschütterten. Benannt hatte sich die Bande nach jenem Stadtviertel, aus dem einige ihrer Mitglieder stammten: ☞ Magliana, eine am rechten Tiber-Ufer liegende Vorstadt im Südosten Roms, deren Zentrum heute die ☞ Piazza Fabrizio de André bildet. Ein Mitglied der Bande konnte dem Vatikan in den 1980er-Jahren einen ganzen Palazzo samt Park abkaufen: An der ☞ Villa Osio (Via di Porta Ardeatina 55) erinnert ein Gedenkstein an Mafia-Opfer. Seit 2001 gehört die Villa der Stadt Rom, die hier die ☞ Casa del Jazz untergebracht hat. Der römische Richter Giancarlo De Cataldo leitete 1995 den Prozess gegen 69 Angeklagte der Magliana-Bande, die zu insgesamt 500 Jahren Gefängnis verurteilt wurden. De Cataldo verarbeitete die Hintergründe der Bande in mehreren prämierten (und sehr gut ins Deutsche übersetzten) Kriminalromanen, darunter *Romanzo Criminale, Schmutzige Hände, Die Nacht von Rom* und *Suburra. Romanzo Criminale* und *Suburra* wurden auch verfilmt, und zwar sowohl als TV-Serie als auch als Film. Empfehlenswert schon allein aufgrund der erschreckenden Authentizität sind sowohl die Romane als auch die Filme.

---

erkannte auf Selbsttötung und schloss den Fall. »Wenn mir etwas zustößt«, soll Calvi noch kurz vor seinem Tod erklärt haben, »muss der Papst zurücktreten«. Und Leonardo Sciascia, namhafter sizilianischer Journalist und Buchautor, schrieb bereits im Juli 1982 im Politmagazin *Il Globo »Calvi si fosse suicidato«* – eine in diesem Fall fast unübersetzbare Verbform, die so viel heißt wie Calvi sei »selbstermordet« worden.

Zehn Jahre später wurde die Leiche exhumiert, dreizehn Jahre danach begann in einem speziell gesicherten Gerichtssaal, den man im römischen ☞ Rebibbia-Gefängnis eingerichtet hatte, der Prozess gegen die mutmaßlichen Mörder Roberto Calvis. Neuerlich wurde ein Sumpf an Korruption, gegenseitigen Abhängigkeiten und Erpressungen freigelegt. Aus Mangel an Beweisen wurden jedoch alle fünf Angeklagten freigesprochen.

CARMINE PECORELLI Der promovierte Jurist war Rechtsanwalt, bevor er sich dem investigativen Journalismus zuwandte und die Presseagentur *Osservatore Politico* in der ☞ Via Tacito 50 gründete. »Mino« Pecorelli deckte einige politische Skandale auf, schoss sich aber besonders auf die P2-Loge Licio Gellis ein. Er veröffentlichte eine Liste mit vatikanischen Geistlichen, die Mitglieder der Loge gewesen sein sollen (darunter einige Kurienkardinäle), und bezichtigte eine *lucido superpotere,* eine leuchtende Superkraft, Entführung und Mord Aldo Moros begangen zu haben. Am 20. März 1979 fand man Pecorellis Leichnam – vier Schüsse, einer ins Gesicht, drei in den Rücken – in seinem Auto in der ☞ Via Orazio im noblen ☞ Prati-Viertel, nur wenige Meter vom Büro seiner Presseagentur entfernt. Die Ermittlungen richteten sich gegen ein Mitglied der Magliana-Bande und gegen Gelli. Ein Mafia-Whistleblower sagte sogar aus, Pecorelli sei von der Mafia ermordet worden, weil diese Giulio Andreotti einen Gefallen schuldete. Andreotti wiederum habe Pecorellis Recherchen als Gefahr für seine politische Laufbahn gefürchtet. 2002 wurden Andreotti und zwei Mafiosi in zweiter Instanz zu je 24 Jahren Haft verurteilt. Bereits 2003 wurde das Urteil von der *Corte Suprema di Cassazione,* dem Kassationsgerichtshof, wieder aufgehoben.

Und Licio Gelli, der Logenmeister der Propaganda Due? 1981 hatte man die Loge verboten, nachdem man in Gellis Büro eine Liste mit mehr als 900 Namen von Menschen gefunden hatte, die sich in irgendeiner Form in der Loge engagiert hatten. Calvi stand darauf, Sindona natürlich und noch viele andere – Prominente, Redakteure namhafter Zeitungen, Politiker und Wirtschaftstreibende, die zum Teil heute noch politisch aktiv sind. Die Liste wurde veröffentlicht, der damalige Ministerpräsident Arnaldo Forlani war zum Rücktritt gezwungen, und Gelli gab dem *Corriere della Sera* ein Interview, in dem er sich als »Puppenspieler« bezeichnete. Gelli floh 1982 in die Schweiz, nachdem er sich vom Banco Ambrosiano noch einen dreistelligen Millionenbetrag (in Schweizer Franken) nach Genf überwiesen hatte. 1982 wurde er verhaftet, konnte jedoch fliehen, stellte sich aber einige Jahre später. Man verurteilte ihn letztinstanzlich für mehrere Vergehen, seine Haftstrafe aber wurde in Hausarrest umgewandelt. Er starb 2015 an einer Herzschwäche. Ob Gelli am Bombenanschlag von 1980 in Bologna, den man den Brigate Rosse zugeschrieben hatte, beteiligt war, blieb ungeklärt. Eine False-Flag-Aktion blieb bei Bologna ebenso im Raum stehen wie die Vermutung, Gelli sei der wahre Drahtzieher hinter dem Mord an dem ehemaligen Ministerpräsidenten Aldo Moro gewesen. Moro hatte, für Gelli und Konsorten ein Sakrileg sondergleichen, als Christdemokrat einen Solidaritätspakt mit den Kommunisten geschlossen, um die Wirtschaftskrise zu lösen. Im März 1978 wurde er entführt. Nach 55 nervenzerreißenden Tagen durchgehender Berichterstattung, veröffentlichter Briefe Moros, des Papstes und verschiedener Parteifreunde wurde der Leichnam des Politikers im Kofferraum eines roten Renault 4 in der ☞ Via Michelangelo Caetani entdeckt. Man konnte zwar den Mörder identifizieren, nie jedoch die tatsächlichen Hintergründe aufdecken.

Auch Erzbischof Marcinkus geriet ins Visier: Im Zuge des Zusammenbruchs des Banco Ambrosiano stellte die römische Staatsanwaltschaft einen Haftbefehl für Marcinkus aus, doch mit den Lateranverträgen und einer Reihe späterer Urteilssprüche war für die Führung der Vatikanbank eine vollständige Immunität beschlossen worden. Marcinkus, der den Beinamen »der Gorilla« trug, weil er sich todesmutig zwischen Papst Paul VI. und einen Messerattentäter geworfen hatte, dürfte mit Calvi mehrere »Geisterbanken« gegründet haben, darunter eine auf den Bahamas, wo Gelder mittelamerikanischer Drogenkartelle gewaschen wurden. Darüber hinaus bezichtigte ihn der britische Autor David A. Yallop, tief in das allzu frühe Ableben des Kurzzeitpapstes Johannes Paul I. verwickelt gewesen zu sein. Und zu guter Letzt sagte eine Ex-Geliebte des Mafia-Bosses Enrico »Renatino« De Pedis aus, Marcinkus habe De Pedis beauftragt, die 15-jährige Emanuela Orlandi zu entführen.

Die letzte Anschuldigung wiegt besonders schwer: Emanuela Orlandi war die Tochter eines Angestellten der Vatikanbank, lebte im Vatikan und war nach einer Flötenstunde in einer

Musikschule auf der ☞ Piazza di Sant'Apollinare nicht nach Hause zurückgekehrt. Das geschah am 22. Juni 1983. Seit damals ist Emanuela Orlandi nie wieder aufgetaucht. Die Polizei ermittelte, schloss den Fall, nahm ihn 2012 wieder auf, blieb neuerlich erfolglos, stellte 2015 die Ermittlungen wieder ein, nur um sie 2019 wieder aufzunehmen. Es gab anonyme Anrufe und rätselhafte Hinweise, doch nichts half, die junge Frau zu finden. 2011 erklärte ein Mitglied des Magliana-Verbrechersyndikats, die Mafia habe Emanuela gekidnappt, um Geld von der Vatikanbank zu erpressen, das die Mafia durch Roberto Calvis Machenschaften verloren hatte. Illegale Gläubiger also, die sich nicht an offizielle Gerichte wenden konnten. 2012 öffnete die Polizei das Grab Enrico De Pedis', ehemals Boss der Magliana-Bande. Man hatte den Hinweis bekommen, Emanuelas Leichnam sei in dessen Sarg in der ☞ Basilika Sant'Apollinare (an derselben Piazza wie Emanuelas Musikschule), doch man fand nichts. Dafür stellte die Polizei die berechtigte Frage, wie es dazu kam, dass ein Bandenchef in einer katholischen Basilika begraben wurde. Die Antwort stand

Ein vertrauter Anblick in Roms Straßenbild: die plakatierte Suche nach Emanuela Orlandi. Ein rätselhafter Fall, dessen Hintergründe seit 40 Jahren vollständig im Dunkel liegen.

auch in diesem Fall im Zusammenhang mit einem Gunstbeweis, den sich De Pedis erarbeitet hatte, als er Anschläge der Magliana-Bande auf die Vatikanbank verhindert hatte. Mittlerweile wurden De Pedis' irdische Überreste kremiert und über dem Meer ausgestreut. In der Basilika ist sein Name nirgendwo mehr zu finden.

Emanuela Orlandi, die heute 54 Jahre alt wäre, ist nie wieder aufgetaucht. Ihr Bruder aber hat nie aufgegeben, nach ihr zu suchen, und plakatiert ihr Foto noch heute in ganz Rom. Der beschuldigte Erzbischof Marcinkus hat sich nicht dazu geäußert. Er zog sich 1990 nach Sun City im US-Bundesstaat Arizona zurück, wo er bis zu seinem Tod 2006 als Vikar arbeitete.

Die Vatikanbank aber kam auch danach nicht zur Ruhe: Monsignore Renato Dardozzi, Kanzler der Päpstlichen Akademie der Wissenschaften, hatte den Auftrag, die Hintergründe des Skandals um den Banco Ambrosiano zu untersuchen. Das tat er, sogar sehr gründlich – nur brachte er, was er fand, nicht zur Kurie, sondern in ein Schließfach in der Schweiz. Nach seinem Tod, so verfügte er, sollten die Papiere veröffentlicht werden. Dardozzi starb 2003 in Rom, und noch im selben Jahr erhielt der Journalist Gianluigi Nuzzi die Dokumente, auf deren Basis er das Buch *Vatikan AG. Ein Geheimarchiv enthüllt die Wahrheit über die Finanz- und Politskandale der Kirche* verfasste, eine Enthüllungsstory, die jeden Kriminalroman in den Schatten stellt. Und erst im Sommer 2022 verurteilte das vatikanische Berufungsgericht Angelo Caloia, Direktor der Vatikanbank von 1989 bis 2009, und dessen Anwalt Gabriele Liuzzo wegen Geldwäsche und Veruntreuung zu hohen Strafen.

Auch das ist Rom. »Es ist«, schrieb der Jurist Johann Wolfgang von Goethe in sein Reisetagebuch, »ein saures und trauriges Geschäft, das alte Rom aus dem neuen herauszuklauben … Man trifft Spuren einer Herrlichkeit und einer Zerstörung, die beide über unsere Begriffe gehen.«

Kein Ort verkörpert Roms barocken Charme so perfekt wie die ☞ Piazza Navona. Iulius Caesar ließ hier ein Stadion für athletische Wettkämpfe errichten, das Kaiser Domitian ausbaute. Im Mittelalter fand hier die *Giostra del Saracino,* ein Reiterturnier, statt, und im 17. und 18. Jh.

ließ man an heißen Augustsamstagen die Brunnen überlaufen, damit jeder nach Lust und Laune im Wasser planschen konnte. Heute bleibt von all den Vergnügungen immerhin noch ein Weihnachtsmarkt, der *Mercatino di Natale e Festa della Befana a Piazza Navona.*

ANHANG

Personenregister

Piazza del Popolo Wer aus dem Norden kam, betrat die Stadt auf diesem Platz. Von hier aus erschließt der *tridente* den Campo Marzio – die drei fast kerzengeraden Straßen Via del Babuino, Via del Corso und Via di Ripetta.

Bibliografie (Auswahl)

AUGIAS, Corrado: *Die Geheimnisse Roms. Eine andere Geschichte der ewigen Stadt.* Übersetzt von Sabine Heymann. Berlin 2009

DERS.: *Die Geheimnisse des Vatikan. Eine andere Geschichte der Papststadt.* Übersetzt von Sabine Heymann. München 2011

CASSANELLI, Roberto (Hrsg.): *Der Vatikan. Offizieller Führer durch alle Gebäude und ihre Geschichte.* Übersetzt von Friderike Baum u. a. Berlin 2013

CHARNEY, Noah: *Original Meisterfälscher. Ego, Geld & Größenwahn.* Übersetzt von Barbara Sternthal. Wien 2015

COARELLI, Filippo: *Rom. Der archäologische Führer.* Übersetzt von Silvia von Hase und Bernd Weiss. Darmstadt–Mainz 2013

COSTANTINO, Claudia (Hrsg.): *Forum Romanum. Palatin. Kolosseum.* Übersetzt von Klaus Ruch. Rom 2022

ESCH, Arnold: *Rom vom Mittelalter zur Renaissance: 1378–1484.* München 2016

GOETHE, Johann Wolfgang von: *Italienische Reise.* München 1925

HIBBERT, Christopher: *Rome. The Biography of a City.* London 1987

HOFER, Sibylle: *Leitfaden der Rechtsgeschichte. Quellen und Grundzüge der Rechtsordnung.* Wien–Köln–Weimar 2019

HUGHES, Robert: *Rome.* London 2011

KARSTEN, Arne/Volker REINHARDT: *Kardinäle, Künstler, Kurtisanen. Wahre Geschichten aus dem barocken Rom.* Darmstadt 2021

KNAPP, Margit (Hrsg.): *Rom. Eine literarische Einladung.* Mit einem Vorwort von Luigi Malerba. Berlin 2011

KRAUSE, Jens-Uwe: *Kriminalgeschichte der Antike.* München 2004

KÜNZL, Ernst: *Der große Kunstraub. Orient, Griechenland, Rom, Byzanz.* Oppenheim/Rhein 2019

LIEBS, Detlef: *Vor den Richtern Roms. Berühmte Prozesse der Antike.* München 2007

LUSSU, Emilio: *Marsch auf Rom und Umgebung. Ein Bericht.* Übersetzt von Claus Gatterer. Wien–Bozen 2022

MAHR, Johannes (Hrsg.): *Rom – die Gelobte Stadt. Texte aus fünf Jahrhunderten.* Stuttgart 1996

MAIER, Jessica: *Rom – Zentrum der Welt. Die Geschichte der Stadt in Karten, Plänen und Veduten.* Übersetzt von Birgit Lamerz-Beckschäfer. Mit einem Vorwort von Volker Reinhardt. Darmstadt 2022

NUZZI, Gianluigi: *Vatikan AG. Ein Geheimarchiv enthüllt die Wahrheit über die Finanz- und Politskandale der Kirche.* Übersetzt von Friederike Hausmann. Salzburg 2010

OTTO, Hans-Dieter: *Das Lexikon der Justizirrtümer.* Berlin 2003

REINHARDT, Volker: *Geschichte Roms. Von der Antike bis zur Gegenwart.* München 2019

DERS.: *Alexander VI. Borgia. Der unheimliche Papst. Eine Biographie.* München 2011

DERS.: *Im Schatten von St. Peter. Die Geschichte des barocken Rom.* Darmstadt 2011

ROSSI, Fabrizio: *Der Vatikan. Politik und Organisation.* München 2004

WEEBER, Karl-Wilhelm: *Couchsurfing im alten Rom. Zu Besuch bei Wagenlenkern, Philosophen, Tänzerinnen u. v. a.* Darmstadt 2022

WESEL, Uwe: *Geschichte des Rechts in Europa. Von den Griechen bis zum Vertrag von Lissabon.* München 2010

WESS, Susanne: *Rom. Eine Stadt in Biographien.* München 2012

WOLF, Norbert: *Beute-Kunst-Transfers. Eine andere Kunstgeschichte.* Wiesbaden 2010

Bildnachweis

APA/PICTUREDESK.COM: Cover (Dagmar Schwelle/laif/picturedesk.com)

PRIVAT: 6, 37, 38, 43, 45, 54, 72, 84, 91, 119, 121, 146, 150

WIKIMEDIA COMMONS: 3 (Merulana), 12 (Wolfgang Moroder), 16 (Tom2kski), 20 (Daryl Mitchell), 25 (Rabax63), 26 (Cassius Ahenobarbous), 33 oben (Glyptothek München; Adam Aboudou), 33 unten (Glyptothek München; Direktor), 40 (benoitnewton), 47 (Chris Nas), 50 (Sailko), 52–53 (Wolfgang Moroder), 56 (CCCP), 57 (Pixel8tor), 59 (Peter1936), 61 (Bibliothèque Sainte-Geneviève, Paris; Digitale Bibliothek Gallica), 63 (Lalupa), 66 (Mikhail Malykh), 69 (Bradley Weber), 77 (Peter1936), 80 links oben (Galleria degli Uffizi Florenz; Inventario 1890 ID:2989), 80 Mitte (Galleria Borghese, Rom; atlantedellaarteitaliana.it/artwork-11030.html), 80 rechts oben (Galleria Borghese, Rom; Web Gallery of Art), 80 links unten (Städelmuseum; The Yorck Project, 2002), 80 rechts unten (Accademia Carrara, Bergamo; allposters.com), 82 (Rabax63), 87 (Jensens), 94 (Galleria nazionale d'arte antica, Rom; New2022), 100 (Westerdam), 102 (Dora Dragoni), 105 (Oro1), 108 (Scan aus Schriften der Goethe-Gesellschaft 25, Blatt 9; Xocolatl), 111 (Paul Hermans), 112 (Oxxo), 114 (xlibber), 116 (trolvag), 122 (myself), 124 (Kleuske), 127 (Paolo Villa), 130 (Bundesarchiv Bild 101I-312-0983-03/Koch/CC-BY-SA 3.0), 133 (Franco Vannini), 134 (Livioandronico-2013), 136 (Chabe01), 141 (Vlad Lesnov), 148–149 (Myrabella).

Verlag und Autorin haben sich bemüht, mit allen Rechteinhabern Kontakt aufzunehmen. Wo dies trotz intensiver Recherche nicht gelungen ist, wird darum gebeten, allfällige Ansprüche zu den üblichen Bedingungen beim Verlag anzumelden.

Dank

Rom ist eine Herausforderung – als Stadt und als Buchthema. Danke deshalb wie immer Christopher Dietz für sein Verständnis, dass ich dann doch mehr Zeit zum Schreiben benötigte, für seine mit mir geteilte Liebe zu Italien, für seinen Kenntnisreichtum und sein einfühlsames Lesen. Italophil im schönsten Sinn des Wortes ist Markus Schrom, dem ich auch dafür danke, dass er gern ebenso schnell Entscheidungen trifft wie ich. Es war wie immer das reine Vergnügen, ein Buch in diesem Team und mit diesem Verlag zu verwirklichen.

Die Autorin

Barbara Sternthal, promovierte Theater- und Kommunikationswissenschaftlerin, ist Autorin, Übersetzerin und Redakteurin. Ihre thematischen Schwerpunkte: Biografien (darunter über Freud, Klimt, Schiele), Reisen (ganz besonders nach Italien), Kunst, Kultur und Geschichte, Architektur und Design sowie Unternehmensbiografien. Sie lebt in Wien.